Magistrados
Uma imagem em movimento

MARIA TEREZA SADEK

Magistrados

Uma imagem em movimento

artigos:
SIDNEI AGOSTINHO BENETI
JOAQUIM FALCÃO

ISBN — 85-225-0567-5

Copyright © Maria Tereza Sadek

Direitos desta edição reservados à
EDITORA FGV
Praia de Botafogo, 190 — 14º andar
22250-900 — Rio de Janeiro, RJ — Brasil
Tels.: 0800-21-7777 — 21-2559-5543
Fax: 21-2559-5532
e-mail: editora@fgv.br — pedidoseditora@fgv.br
web site: www.editora.fgv.br

Impresso no Brasil / *Printed in Brazil*

Todos os direitos reservados. A reprodução não autorizada desta publicação, no
todo ou em parte, constitui violação do copyright (Lei nº 9.610/98).

Os conceitos emitidos neste livro são de inteira responsabilidade dos autores.

1ª edição — 2006

REVISÃO DE ORIGINAIS: Marisa Motta

EDITORAÇÃO ELETRÔNICA: FA Editoração Eletrônica

REVISÃO: Fatima Caroni e Marco Antonio Corrêa

CAPA: Studio creamcrackers

Ficha catalográfica elaborada pela Biblioteca
Mario Henrique Simonsen/FGV

Sadek, Maria Tereza
    Magistrados: uma imagem em movimento / Maria Tereza Sadek,
Sidnei Agostinho Beneti, Joaquim Falcão. — Rio de Janeiro : Editora
FGV, 2006.
    140p.

    Inclui bibliografia.

    1. Juízes — Brasil. I. Beneti, Sidnei Agostinho. II. Falcão, Joa-
quim. III. Fundação Getulio Vargas. IV. Escola de Direito do Rio de
Janeiro da Fundação Getulio Vargas. V. Título.

CDD – 341.4120981

Sumário

Apresentação — Auto-retrato dos magistrados brasileiros   7
  Rodrigo Collaço

Magistrados: uma imagem em movimento   11
  Maria Tereza Sadek

Falam os juízes na pesquisa da AMB   99
  Sidnei Agostinho Beneti

O múltiplo Judiciário   115
  Joaquim Falcão

Bibliografia   139

Apresentação

Auto-retrato dos magistrados brasileiros

Rodrigo Collaço*

Quem são e o que pensam os magistrados brasileiros? Os próprios respondem, dispensando intermediários e intérpretes. Esta é a apresentação mais objetiva da pesquisa realizada pela Associação dos Magistrados Brasileiros (AMB) e cujos resultados rompem com os preconceitos e as distorções que costumam, para o bem e para o mal, deformar a verdadeira imagem da categoria.

A demanda era tanto da sociedade civil, confusa sobre a avaliação humana, social e cultural dos seus juízes, quanto dos magistrados, ansiosos por terem finalmente uma representação fiel de si mesmos, em números e situações representativas da atividade em todo o país.

O exercício de autoconhecimento revelou-se surpreendente. Demoliu até os estereótipos e mitos mais arraigados sobre a magistratura brasileira. Como o "mito do distanciamento", muito difundido. O juiz visto como uma ostra, voltado para si mesmo, raramente expondo-se e jamais preocupado com as questões que atormentam o cidadão comum. Indiferente até com o que ocorre dentro ou envolvendo o próprio Poder Judiciário.

A pesquisa revelou o contrário e permite conclusões que abalarão até os mais críticos. Ela mostra que o pensamento dos juízes está em sintonia com o da população brasileira; que a alienação e o suposto alheamento da realidade nacional são absolutamente falsos. O grau de preocupação com o cidadão brasileiro e a consciência do papel que exercem em benefício da sociedade atingem níveis certamente inimagináveis.

Sobre o nepotismo, por exemplo. Expressiva maioria rechaçava sua prática antes que fosse proibida nos tribunais. Sobre a morosidade dos processos, vale a pena conhecer a autocrítica dos magistrados, que são mais vítimas do que algozes dessa distorção que tanto compromete a distribuição da Justiça. Somente 9,9%

---

* Juiz estadual e presidente da Associação dos Magistrados Brasileiros (AMB).

dos juízes consideram "muito bom" ou "bom" o desempenho do Judiciário no quesito "agilidade". Os juízes não estão descolados da realidade como muitos imaginam.

Também condenam os tribunais superiores, sobretudo o Supremo Tribunal Federal (STF), por considerar suas decisões muito parciais e pouco independentes em relação ao Executivo e ao capital econômico, e repelem qualquer espécie de participação político-partidária por parte de magistrados e integrantes do Ministério Público.

Atentos à política nacional, e muito antes de os escândalos envolvendo o governo do presidente Luiz Inácio Lula da Silva começarem a ser noticiados (os dados da pesquisa foram coletados entre abril e julho de 2005), os juízes fazem uma aguda crítica à política social do Executivo, com 60% de avaliação ruim.

Esse diagnóstico detecta pela primeira vez uma nova realidade: a magistratura tem consciência de que a Constituição Federal de 1988 a tornou uma das principais administradoras da crise social brasileira e a colocou, rotineiramente, diante da população carente de direitos e de proteção social. A categoria acompanha de perto os reveses vividos pelos cidadãos brasileiros no dia-a-dia das varas e fóruns, decidindo sobre questões de família, do consumidor, ambientais, do trabalho, entre várias outras.

É importante ressaltar, ainda, dois alertas lançados no estudo, indicativos de que os juízes estão atentos ao que se passa no Judiciário e comprometidos com a construção de uma Justiça transparente. A ampla maioria (89,8%) concorda que o Judiciário deve ter o monopólio da prestação jurisdicional. Ou seja, descarta a possibilidade de que a arbitragem seja realizada fora dos limites do poder.

A questão criada com a implantação do Conselho Nacional de Justiça (CNJ), um órgão cuja composição, por reunir membros estranhos à atividade judicante, causou profunda controvérsia entre a magistratura, foi reduzida a preocupações e a críticas concretas. A maioria dos juízes teme que o CNJ dê ênfase à sua função disciplinar, deixando em segundo plano a função de planejamento, o que é considerado lamentável.

Na verdade, os magistrados têm esperança de que o conselho se dedique primordialmente ao planejamento e ao funcionamento operacional da Justiça, deixando para segundo plano as querelas judiciais, que não interessam ao órgão.

Desconstruindo mitos

Chamados a decidir sobre questões que têm reflexos diretos sobre a economia e o desenvolvimento social do país, os juízes brasileiros, revela a pesquisa, ao julgar, baseiam-se preponderantemente na lei, sem ignorar as conseqüências econômicas e sociais de suas sentenças.

A informação é importante diante das acusações de que o Judiciário compromete o avanço econômico do Brasil ao favorecer devedores e a quebra de contratos. A pesquisa destrói essa hipótese, fruto de construções ideológicas forjadas para enfraquecer a imagem da magistratura diante da sociedade.

Outro mito desconstruído pelo estudo, e que inclusive foi manipulado para a aprovação da súmula vinculante na reforma do Judiciário, é o de que a magistratura de 1º grau não julga de acordo com os entendimentos pacificados pelas Cortes Superiores.

Isso não é verdade. A pesquisa evidencia que a maioria dos juízes (65,6%) decide de acordo com as súmulas dos tribunais e derruba outro discurso fomentado no sentido de fazer crer que a categoria está empenhada em gerar controvérsias jurídicas, protelando o término de processos cujo julgamento no último grau de jurisdição já estaria definido.

Transformação

Os cortes e os cruzamentos feitos no estudo — juízes na ativa *versus* aposentados; juízes *versus* juízas; juízes de 1º *versus* juízes de 2º grau; o tempo de magistratura; a região em que os juízes atuam e o Índice de Desenvolvimento Humano (IDH) por região — permitiram realizar comparações que revelam que o Judiciário é um poder em transformação.

Isso se comprova pela acentuada diferença de posicionamentos entre o tempo de exercício na magistratura, um dado que não deve ser lido de forma maniqueísta — seria dizer, por exemplo, que os magistrados antigos estão errados e que os novos estão certos —, que demonstra um importante processo evolutivo pelo qual o Judiciário vem passando.

Nada mais natural, visto que, como mostra a pesquisa, o poder está em constante renovação, com a distribuição cada vez mais igualitária de juízes com idade entre 30 e 50 anos e com o ingresso substancialmente mais acentuado de juízas, que se revelam muito mais críticas do que os juízes. Destaca-se ainda o fato de que esses magistrados são recrutados já com alguma maturidade profissional. Um total de 96,5% deles informa que exerceu alguma atividade profissional antes de ingressar na carreira, o que, em média, leva sete anos após a graduação.

Para a AMB, a notícia é auspiciosa, mesmo porque as políticas que a entidade defende para dar maior transparência e agilidade ao Judiciário foram confirmadas por larga margem de juízes e em vários aspectos, como a necessidade de democratizar os tribunais por meio de eleições diretas para o órgão de direção, de adotar o voto aberto e motivado para a promoção de juízes, de promover a participação dos magistrados de 1º grau na elaboração do orçamento dos tribunais e de manter a aposentadoria compulsória da magistratura na idade limite de 70 anos, medida crucial para impedir o engessamento da jurisprudência dos tribunais.

O professor Joaquim Falcão, integrante do CNJ e diretor da Escola de Direito da Faculdade de Direito da Fundação Getulio Vargas (FGV), com a aguçada percepção de um cientista que há anos estuda o Judiciário, foi uma das primeiras pessoas a fazer uma leitura correta, e que dá a exata dimensão da importância desta pesquisa: existem vários Judiciários no Brasil. Essa interpretação da pesquisa é importante para que a AMB continue a ser uma entidade pluralista, com espaço para a participação de todos os segmentos da magistratura e dentro da magistratura.

Como se vê, este estudo, coordenado com brilhantismo pela cientista política da Universidade de São Paulo (USP) e pesquisadora sênior do Centro Brasileiro de Estudos e Pesquisas Judiciais (Cebepej), Maria Tereza Sadek, traça uma minuciosa radiografia da magistratura, como nunca antes realizada. Torna-se, assim, referência para todos que queiram verticalizar seus conhecimentos sobre o Judiciário.

Magistrados: uma imagem em movimento*

*Maria Tereza Sadek***

Poucos personagens sofreram tantas modificações nos últimos anos quanto os magistrados. Sua presença transpôs as portas dos fóruns. Dificilmente se encontrará um tema ou um embate sobre o qual não se solicite a palavra ou não se pronuncie um magistrado. Como protagonistas centrais, juízes, desembargadores e ministros de tribunais têm ocupado espaços na arena pública, marcando posição e desempenhando papéis que extrapolam a clássica imagem de descrição ou de extrema impessoalidade.

Assim, conhecer quem são os magistrados atualmente em atividade e como avaliam determinados temas representa muito mais do que apenas a satisfação de uma saudável curiosidade sociológica. Buscar compor um retrato da magistratura significa contribuir para identificar um personagem básico da realidade social e política, além de captar um quadro em transformação. Esta empreitada adquire ainda maior significado quando reconhecidos os pilares que lhe dão sustentação: um sistema de tripartição de poderes e uma Constituição detalhista, que consagra direitos individuais, sociais e coletivos. Em conseqüência, decisões proferidas pelos magistrados provocam impactos relevantes sobre as instituições e a vida do cidadão e de coletividades.

A composição desse personagem central na vida pública brasileira terá como matéria-prima uma pesquisa realizada pela AMB no ano de 2005. Os resultados desta pesquisa permitem focalizar traços demográficos e sociológicos da magistratura. Essa imagem ganha maior precisão com a incorporação de respostas dadas a

---

* Programação da pesquisa por Fernão Dias de Lima.
** Professora de ciência política da Universidade de São Paulo. Pesquisadora sênior do Centro Brasileiro de Estudos e Pesquisas Judiciais (Cebepej).

MAGISTRADOS

uma série de questões que expressam opiniões sobre temas relativos ao sistema de justiça e a temas atuais. Antes, porém, cabe uma nota sobre a pesquisa.

Pesquisa AMB

Graças a uma iniciativa da diretoria da AMB, foi realizada em 2005 uma ampla consulta aos sócios da entidade, com o objetivo de construir um retrato da magistratura, tanto do ponto de vista demográfico quanto social, bem como conhecer a opinião sobre uma série de temas. Para atingir estas finalidades elaborou-se um questionário, com perguntas para serem respondidas pelos magistrados brasileiros, enviado para todos os integrantes da associação no país, totalizando 11.286 correspondências. Obteve-se um total de 3.258 respostas, o que significa um percentual de 28,9%. Esta proporção variou nacionalmente, indo de um mínimo de 14,3% no Distrito Federal e de 15,7% no Amazonas até um máximo de 47,8% no Amapá, de 42,5% em Santa Catarina e de 41,2% no Acre.

O total de questionários respondidos permite elaborar conclusões tanto para o conjunto de magistrados quanto para cada uma das regiões geográficas, para estados agrupados de acordo com o Índice de Desenvolvimento Humano (IDH) e, em muitos casos, até para unidades da Federação consideradas isoladamente. Em resumo, a taxa de retorno enquadra-se nos padrões esperados para este tipo de pesquisa baseada em questionários distribuídos por correio.

A tabela 1 expõe o número de questionários endereçados para cada unidade da Federação e o total de respostas obtido:

Tabela 1
Total de filiados da AMB e total de questionários respondidos, por unidade da Federação

UF	Enviados			Recebidos			% Retorno		
	Ativa	Aposentado	Total	Ativa	Aposentado	Total	Ativa	Aposentado	Total
AC	61	7	68	22	6	28	36,1	85,7	41,2
AL	128	58	186	32	9	41	25,0	15,5	22,0
AM	208	22	230	31	5	36	14,9	22,7	15,7
AP	69	0	69	31	2	33	44,9	0,0	47,8
BA	396	32	428	79	21	100	19,9	65,6	23,4
CE	438	13	451	76	11	87	17,4	84,6	19,3

Continua

UF	Enviados			Recebidos			% Retorno		
	Ativa	Aposentado	Total	Ativa	Aposentado	Total	Ativa	Aposentado	Total
DF	402	44	446	45	19	64	11,2	43,2	14,3
ES	363	37	400	78	26	104	21,5	70,3	26,0
GO	359	48	407	66	30	96	18,4	62,5	23,6
MA	244	23	267	55	19	74	22,5	82,6	27,7
MG	739	119	858	175	100	275	23,7	84,0	32,1
MS	188	45	233	48	16	64	25,5	35,6	27,5
MT	288	13	301	67	12	79	23,3	92,3	26,2
PA	329	27	356	57	9	66	17,3	33,3	18,5
PB	270	62	332	76	18	94	28,1	29,0	28,3
PE	520	55	575	123	18	141	23,7	32,7	24,5
PI	201	12	213	53	8	61	26,4	66,7	28,6
PR	675	84	759	202	70	272	29,9	83,3	35,8
RJ	885	111	996	196	83	279	22,1	74,8	28,0
RN	253	24	277	78	8	86	30,8	33,3	31,0
RO	139	39	178	38	12	50	27,3	30,8	28,1
RR	0	0	0	14	1	15	0,0	0,0	0,0
RS	959	129	1.088	241	123	364	25,1	95,3	33,5
SC	403	134	537	169	59	228	41,9	44,0	42,5
SE	121	22	143	25	3	28	20,7	13,6	19,6
SP	1.198	177	1.375	251	185	436	21,0	104,5	31,7
TO	106	7	113	34	4	38	32,1	57,1	33,6
S/ inf.			0	15	4	19			0,0
Total	9.942	1.344	11.286	2.377	881	3.258	23,9	65,6	28,9

Fontes: Cadastro AMB e Pesquisa AMB, 2005.

As respostas serão apresentadas em duas partes. Na primeira será desenhado o perfil demográfico e social dos magistrados. A segunda parte contemplará as questões relativas às percepções e às avaliações acerca do sistema de justiça, dos advogados e sobre o governo Lula.

Na apresentação dos resultados serão consideradas algumas singularidades. A primeira delas refere-se à distinção entre magistrados na ativa e magistrados aposentados. Essa separação será respeitada sempre que os resultados obtidos indicarem uma diferença significativa entre esses dois grupos. O mesmo critério será adotado em relação ao gênero, à instância de atuação, ao tempo na magistratura, às regiões geográficas que englobam unidades da Federação nas quais os respondentes exercem as atividades.

Ademais, incorporou-se como variável o IDH,[1] com o objetivo de classificar as unidades da Federação em relação ao seu *status* social e econômico. A disposição em categorias dessa variável foi realizada por meio de quartis, obtendo-se os seguintes pontos de corte:

Tabela 2
Pontos de corte da variável IDH

Quartil	Percentis	IDH
Baixo	25	0,697
Médio-baixo	50	0,735
Médio-alto	75	0,778
Alto	100	0,779 +

Assim, o "IDH baixo" ou primeiro quartil vai do menor valor até 0,697; o "IDH médio-baixo" ou segundo quartil vai de 0,698 até 0,735; o "IDH médio-alto" ou terceiro quartil vai de 0,736 até 0,778; e o "IDH alto" ou quarto quartil vai de 0,779 até o maior valor. O primeiro quartil ou "baixo" é composto pelas unidades da Federação com os piores indicadores econômicos e sociais. Incrementos nestes índices determinam os cortes para o segundo, para o terceiro e para o quarto quartis, sucessivamente. O primeiro quartil abriga, pois, as unidades da Federação com os desempenhos menos favoráveis no que se refere à esperança de vida, à educação e à renda. Melhorias nesses indicadores significam passagem para o segundo, deste para o terceiro e, em seguida, para o quarto quartil. Desta forma, no quarto quartil ou "alto" encontram-se os Estados com as melhores pontuações em qualidade de vida.

A lista das unidades da Federação e o correspondente posicionamento em relação aos quartis constam da tabela 3 a seguir:

Tabela 3
Posicionamento das unidades da Federação em relação aos quartis de IDH

IDH	Unidades da Federação						
Baixo	AC	AL	BA	MA	PB	PI	SE
Médio-baixo	AM	CE	PA	PE	RN	RO	TO
Médio-alto	AP	ES	GO	MG	MS	MT	RR
Alto	DF	PR	RJ	RS	SC	SP	

---

[1] O Índice de Desenvolvimento Humano (IDH) foi criado para o Programa das Nações Unidas para o Desenvolvimento (Pnud), por uma equipe liderada pelo conselheiro especial dr. Mahbub ul Haq. O IDH resulta da combinação de três dimensões: 1. longevidade (medida pela esperança de vida ao nascer); 2. educação (medida pela combinação da taxa de alfabetização de adultos, com peso 2/3, e da taxa de matrícula nos três níveis de ensino, com peso 1/3; 3. renda (medida pelo PIB *per capita*, expresso em dólares PPC, ou "paridade do poder de compra").

Perfil demográfico e sociológico

Em uma primeira aproximação, pode-se concluir que o magistrado brasileiro típico é do gênero masculino, de cor branca, com média de idade de 50 anos, considerando-se todos os respondentes, e de 44,4 anos, atentando-se apenas para os que estão presentemente em atividade; casado, com filhos; proveniente de família com mais de um filho; filho de pais com escolaridade inferior à sua; formado em Faculdade de Direito pública. Vejamos, em detalhe, cada um desses traços mais gerais:

Gênero

Mais do que 3/4 dos magistrados são do gênero masculino (77,6%). A predominância masculina é maior entre os aposentados (90,5%) do que entre os que se encontram na ativa (72,9%).

A diferença entre os dois grupos reflete um movimento na direção de uma ampliação da participação feminina na magistratura. Com efeito, pesquisa realizada pelo Instituto de Desenvolvimento Econômico e Social (Idesp), em 1993,[2] indicava a presença de 89% de integrantes do sexo masculino. Esta expressiva maioria era ainda mais forte quanto mais se recuava no tempo. Do total de juízes que ingressaram na instituição até o final da década de 1960, apenas 2,3% eram do sexo feminino. Ao terminar a década de 1970, o ingresso feminino representava 8%. No final dos anos 1980, esta participação foi ampliada para 14%.

Pesquisa feita pelo Instituto Universitário de Pesquisas do Rio de Janeiro (Iuperj) em 1996[3] confirmava a preponderância masculina, mostrando a seguinte distribuição por gênero, distinguindo as instâncias: no 1º grau, 79,3% dos integrantes eram do sexo masculino e 20,7% do feminino; no 2º grau era ainda mais reduzida a presença feminina: 9,3%.

A tabela 4 mostra a distribuição por gênero dos entrevistados em 2005, por instância:

---

[2] Pesquisa realizada em 1993, "Quem são e o que pensam os magistrados", coordenada por M.T. Sadek, junto a 20% dos magistrados em cinco estados, publicada em Sadek (1995).
[3] Vianna et al. (1996).

Tabela 4
Distribuição por gênero, por instância, em %

	Masculino	Feminino
1º grau	75,2	24,8
2º grau	87,4	12,6
Tribunais superiores	94,4	5,6
Juizados especiais	62,9	37,1
Total	77,6	22,4

Fonte: Pesquisa AMB, 2005.

Como se observa, a participação masculina é mais acentuada no 2º grau (87,4%) e nos tribunais superiores (94,4%) do que no 1º grau (75,2%). Por outro lado, o maior percentual de integrantes do gênero feminino está nos juizados especiais (37,1%). Nos juizados especiais as mulheres chegam a ter uma participação 1,5 vez maior do que no juízo comum de 1º grau; 2,9 vezes mais do que no 2º grau e 6,6 vezes mais do que nos tribunais superiores.

Distinguindo-se os magistrados de acordo com a região geográfica onde exercem a função jurisdicional, há apreciáveis diferenças na composição por gênero. A Região Norte apresenta o mais baixo percentual de entrevistados do sexo masculino — 68,2%, enquanto a Região Centro-Oeste reúne o maior — 84,7%. A tabela 5 retrata a distribuição por gênero, por região geográfica:

Tabela 5
Distribuição por gênero, por região geográfica, em %

	Norte	Nordeste	Sudeste	Sul	Centro-Oeste	Total
Masculino	68,2	75,2	79,2	78,0	84,7	77,6
Feminino	31,8	24,8	20,8	22,0	15,3	22,4
Total	100,0	100,0	100,0	100,0	100,0	100,0

Fonte: Pesquisa AMB, 2005.

Considerando-se o IDH, nota-se que está no terceiro quartil ou médio-alto a maior proporção de integrantes do gênero masculino e no segundo ou médio-baixo o menor percentual. Esta distribuição consta da tabela 6.

Tabela 6
Distribuição por gênero, por quartil de IDH, em %

Gênero	Baixo	Médio-baixo	Médio-alto	Alto	Total
Masculino	75,6	70,9	84,1	77,6	77,6
Feminino	24,4	29,1	15,9	22,4	22,4
Total	100,0	100,0	100,0	100,0	100,0

Fonte: Pesquisa AMB, 2005.

Idade

A média de idade dos respondentes é de 50,2 anos, tendo o mais jovem 24 anos e o mais idoso 94 anos de idade. Levando-se em consideração apenas os magistrados na ativa, a média cai para 44,4 anos. Entre os aposentados a média de idade é de 65,9 anos.

Distinguindo-se os magistrados por gênero, a média de idade do grupo masculino é mais elevada do que a do feminino. Entre os homens a média é de 51,9 anos, sendo significativamente inferior no grupo feminino: 44,3 anos.

Já a situação funcional indica que a média de idade do grupo masculino na ativa é de 45,3 anos, enquanto entre os aposentados é de 66,4 anos. No grupo feminino, a média de idade na ativa é de 42,3 anos e de 60,5 anos entre as aposentadas.

A distribuição dos respondentes por faixas de idade consta da tabela 7:

Tabela 7
Distribuição dos magistrados por faixa etária e gênero, em %

Faixa etária	Masculino	Feminino	Total
Até 30 anos	66,6	36,4	5,4
31 a 40	67,6	32,4	23,0
41 a 50	73,3	26,7	24,7
51 a 60	80,9	19,1	22,1
61 ou mais	91,5	8,5	24,8

Fonte: Pesquisa AMB, 2005.

Como se depreende dessas distribuições, a maior parte dos entrevistados concentra-se nas faixas de 31 a 40 e de 41 a 50 anos de idade. A participação masculina cresce à medida que se passa das faixas mais jovens para as mais idosas. O inverso acontece com a presença feminina: é tanto mais alta quanto mais baixa é a faixa etária.

Comparando-se esses dados com os obtidos nas pesquisas anteriores de 1993 e de 1996, observa-se que houve um relativo envelhecimento do corpo de magistrados. Naqueles anos, o grupo com até 30 anos de idade correspondia a 10% e a 11,6%, respectivamente.

Os resultados da análise das médias de idade por região e por quartil de IDH mostram que não há diferenças expressivas quando se estabelecem essas distinções. Ou seja, a média nacional não sofre alterações significativas quando se divide o conjunto de entrevistados, quer a partir de variáveis geográficas, quer de variáveis baseadas em indicadores de qualidade de vida.

Cor

A maioria expressiva dos entrevistados se autoclassifica como de cor branca. Este grupo atinge 86,5%. Em seguida, aparecem os que se identificam como pardos, com 11,6%. Amarelos, negros e vermelhos possuem uma representação bastante reduzida: 0,9%, 0,9% e 0,1%, respectivamente. Esta distribuição é ligeiramente diferente quando se distinguem os respondentes segundo a situação funcional, se aposentados ou na ativa, como mostra a tabela 8:

Tabela 8

Distribuição dos magistrados, por cor, segundo a situação funcional, em %

Cor	Ativa	Aposentados	Total
Amarela	1,0	0,6	0,9
Branca	85,7	88,8	86,5
Negra	0,9	0,9	0,9
Parda	12,4	9,6	11,6
Vermelha	0,1	0,1	0,1

Fonte: Pesquisa AMB, 2005.

As diferenças na distribuição por cor entre os dois grupos sugerem que tem ocorrido uma modificação, ainda que tênue, no sentido de incorporar indivíduos não brancos na magistratura. Com efeito, a presença dos brancos é 3,1 pontos percentuais menor entre os que estão na ativa e a de pardos 2,8 maior, quando contrastados com os aposentados.

A tabela 9 permite observar a distribuição por cor de acordo com cada região geográfica do país. Apesar da indiscutível preponderância de brancos, sua participação relativa é distinta nas cinco regiões. De fato, os brancos têm uma presença muito mais forte no Sul do que nas demais regiões. Por outro lado, os amarelos são comparativamente mais numerosos no Norte; os negros têm maior representação no Nordeste; os pardos no Nordeste e no Norte.

Tabela 9
Distribuição por cor, por região geográfica, em %

	Norte	Nordeste	Sudeste	Sul	Centro-Oeste	Total
Amarela	1,9	0,7	0,5	1,2	1,0	0,9
Branca	72,0	70,9	92,7	96,5	84,9	86,5
Negra	0,8	1,7	0,8	0,2	1,0	0,9
Parda	25,4	26,3	6,0	2,1	13,0	11,6
Vermelha	–	0,3	0,1	–	–	0,1
Total	100,0	100,0	100,0	100,0	100,0	100,0

Fonte: Pesquisa AMB, 2005.

A preponderância dos brancos é significativamente maior no quartil formado pelas unidades da Federação com os melhores indicadores de qualidade de vida. Em contraste, os pardos têm uma presença mais forte nos quartis baixo e médio-baixo. Os negros, por sua vez, estão mais representados no primeiro quartil do que nos demais. Estes percentuais estão apresentados na tabela 10.

Tabela 10
Distribuição por cor, por quartil de IDH, em %

	Baixo	Médio-baixo	Médio-alto	Alto
Amarela	0,7	1,2	0,6	0,9
Branca	65,5	75,4	86,6	95,3
Negra	2,9	0,4	0,9	0,5
Parda	30,4	23,0	11,9	3,3
Vermelha	0,5	–	–	0,1
Total	100,0	100,0	100,0	100,0

Fonte: Pesquisa AMB, 2005.

As características relativas ao gênero e à cor mostram que, no que diz respeito a estes aspectos, os entrevistados não correspondem a um retrato em tamanho reduzido da população brasileira. Dados do Censo Demográfico de 2000 indicam que no país há 49,2% de homens e 50,8% de mulheres. Quanto à cor, a maioria de brancos na população brasileira, com 53,7%, é significativamente mais baixa do que a verificada entre os magistrados.

Tabela 11
Cor da população brasileira e dos entrevistados, em %

	População brasileira	Entrevistados
Brancos	53,7	86,5
Negros	6,2	0,9
Pardos	38,5	11,6
Amarelos	0,5	0,9
Índios	0,4	0,1
Ignorado	0,7	–

Fontes: Censo Demográfico, Microdados da Amostra, 2000 e Pesquisa AMB, 2005.

Estado civil

A grande maioria dos entrevistados é composta por casados. Há igual proporção de solteiros, separados e divorciados — 8,8% — e os viúvos correspondem a 1,8%. Distinguindo-se, contudo, os entrevistados de acordo com a situação funcional, os magistrados na ativa apresentam uma proporção significativamente maior de solteiros do que os aposentados, 10,6% e 3,4%, respectivamente. Em contraste, há um maior percentual de viúvos entre os aposentados do que entre os que se encontram em atividade jurisdicional: 3,4% *versus* 1,1%.

Tabela 12
Distribuição dos magistrados, segundo o estado civil, em %

Estado Civil	Ativa	Aposentados	Total
Solteiro	10,6	3,4	8,7
Separado/Divorciado	8,7	9,1	8,8
Casado	79,6	84,0	80,8
Viúvo	1,1	3,4	1,8

Fonte: Pesquisa AMB, 2005.

Comparando-se os dados obtidos em 2005 com os de 1996, notam-se diferenças nos percentuais relativos a cada uma das situações. Em 1996, os solteiros correspondiam a 12%; os separados a 4,2%; os casados a 76,9% e os viúvos a 0,7%.

A presença de solteiros é em proporção mais alta no Norte e no Nordeste do que nas demais regiões geográficas do país. Os separados estão relativamente mais presentes no Sudeste. Os casados têm maior percentual no Centro-Oeste. Os viúvos, por sua vez, formam um grupo comparativamente maior na Região Norte. Estes dados estão na tabela 13.

Tabela 13
Distribuição dos magistrados, segundo o estado civil, por região geográfica, em %

	Norte	Nordeste	Sudeste	Sul	Centro-Oeste	Total
Solteiro	11,3	10,7	7,0	8,9	7,4	8,7
Separado/Divorciado	8,6	8,4	10,7	7,7	5,7	8,8
Casado	76,7	79,3	81,0	81,4	84,8	80,7
Viúvo	3,4	1,6	1,3	2,0	2,0	1,8
Total	100,0	100,0	100,0	100,0	100,0	100,0

Fonte: Pesquisa AMB, 2005.

No que se refere à distribuição dos entrevistados obedecendo aos quartis de IDH, observa-se que o percentual de solteiros é comparativamente menor no quartil médio-alto; o de separados no médio-baixo; o de casados no baixo e o de viúvos no médio-baixo. A tabela 14 traz estas proporções.

Tabela 14
Distribuição dos magistrados, segundo o estado civil, por quartil de IDH, em %

	Baixo	Médio-baixo	Médio-alto	Alto	Total
Solteiro	11,0	11,0	6,7	8,2	8,7
Separado/Divorciado	9,5	6,8	7,5	9,7	8,8
Casado	76,6	80,8	84,1	80,4	80,7
Viúvo	2,9	1,4	1,7	1,7	1,8
Total	100,0	100,0	100,0	100,0	100,0

Fonte: Pesquisa AMB, 2005.

Número de filhos

A maior parte dos entrevistados possui filho. Esta proporção atinge 83,7% do total, chegando a 94,3% entre os aposentados e diminuindo para 79,8% entre os magistrados na ativa. Considerando-se o número de filhos, a maioria tem dois (33,1%), em seguida aparecem os que possuem três (23,0%), depois os com apenas um (14,6%) e, por fim, os com quatro filhos (7,7%). Os que afirmaram possuir cinco ou mais filhos correspondem a 5,2% do total de entrevistados.

Número de irmãos

Somente 4,1% dos entrevistados são filhos únicos. A maioria provém de famílias com mais de um filho. No geral, pertencem a famílias que possuem, em média, três filhos.

Refletindo mudanças relacionadas às gerações, as famílias de origem dos entrevistados aposentados são constituídas por um maior número de filhos do que a dos que se encontram na ativa.

Grau de instrução do pai

Apenas 32,8% dos entrevistados possuem pais com escolaridade de nível superior, ou seja, igual àquela que alcançaram. No extremo oposto, tem-se um percentual semelhante, isto é, 32,3% são filhos de pais sem instrução ou que não chegaram a concluir o 1º grau. Estas proporções constituem um claro indicador de mobilidade social e de democratização na composição do corpo de magistrados. Ademais, evidenciam a importância do concurso público como forma de acesso à magistratura. Critérios baseados no mérito permitem que ingressem na magistratura indivíduos provenientes dos mais diversos estratos sociais.

Por outro lado, notam-se alterações nos indicadores de ascensão social e de acesso à escolaridade quando se compara o grupo aposentado com o que está na ativa. Com efeito, os percentuais relativos às categorias "sem instrução", "1º grau incompleto" e "1º grau completo" somam 61,8% entre os aposentados e reduzem-se para 41,3% entre os que estão na ativa. Ou dizendo-o de outro modo: no grupo de aposentados apenas 17% possuíam pai com nível superior completo; no grupo na ativa este percentual é mais do que o dobro, chegando a 38,6%. Esses dados testemunham o movimento da sociedade brasileira na direção da universalização do ensino.

Tabela 15
Grau de instrução do pai,
por situação funcional, em %

	Ativa	Aposentados	Total
Sem instrução	7,3	16,1	9,6
1º grau incompleto	21,9	25,1	22,7
1º grau completo	12,1	20,6	14,3
2º grau incompleto	4,4	6,1	4,9
2º grau completo	13,2	12,7	13,1
Superior incompleto	2,6	2,5	2,6
Superior completo	38,6	17,0	32,8

Fonte: Pesquisa AMB, 2005.

Distinguindo-se os respondentes por região geográfica, observam-se importantes diferenças. Assim, está na Região Nordeste o maior grupo de magistrados com pais sem instrução formal; encontra-se no Sudeste a menor proporção de respondentes com pais com o 1º grau incompleto; e a Região Norte também tem a menor proporção de pais com curso superior completo.

Tabela 16
Grau de instrução do pai, por região geográfica, em %

	Norte	Nordeste	Sudeste	Sul	Centro-Oeste	Total
Sem instrução	9,4	13,0	8,8	7,3	12,1	9,7
1º grau incompleto	23,7	22,6	19,6	26,2	23,5	22,7
1º grau completo	16,5	12,7	16,6	13,5	10,4	14,3
2º grau incompleto	4,5	4,7	4,9	5,3	4,4	4,9
2º grau completo	19,5	11,7	13,3	12,5	11,4	13,1
Superior incompleto	0,8	3,6	2,0	2,7	3,7	2,6
Superior completo	25,6	31,6	34,8	32,6	34,6	32,7
Total	100,0	100,0	100,0	100,0	100,0	100,0

Fonte: Pesquisa AMB, 2005.

Os percentuais distribuídos por quartis de IDH permitem perceber que decrescem as proporções relativas a pais sem instrução formal quando se passa do quartil baixo para o médio-baixo, deste para o médio-alto e depois para o alto. Mais da metade (55,1%) dos pais dos entrevistados no quartil baixo possui escolaridade até o 1º grau completo, em seguida estão os do quartil médio-alto, depois os do quartil alto e, por último, o quartil médio-baixo, apresentando o menor percentual de pais nesta situação; a mais alta proporção de pais com superior completo está no quartil alto; em seguida, no médio-baixo; depois no médio-alto; e, por fim, no baixo.

Tabela 17
Grau de instrução do pai, por quartil de IDH, em %

	Baixo	Médio-baixo	Médio-alto	Alto	Total
Sem instrução	14,7	10,4	10,3	7,9	9,7
1º grau incompleto	25,7	20,6	25,0	21,7	22,7
1º grau completo	14,7	13,2	14,7	14,4	14,3
2º grau incompleto	5,0	4,2	5,4	4,9	4,9
2º grau completo	9,6	16,6	11,8	13,4	13,1
Superior incompleto	3,6	2,2	2,1	2,6	2,6
Superior completo	26,7	32,9	30,7	35,1	32,7
Total	100,0	100,0	100,0	100,0	100,0

Fonte: Pesquisa AMB, 2005.

Grau de instrução da mãe

O nível de escolaridade formal materno é, no conjunto, mais baixo do que o paterno. Assim, enquanto 32,7% dos pais possuíam grau universitário, este percentual cai quase que pela metade entre as mães: 17,8%.

O maior contraste, contudo, aparece na comparação entre o grau de instrução das mães nos dois grupos distinguidos segundo a situação funcional, aposentados e na ativa. Entre os aposentados, apenas 3% das mães obtiveram diploma universitário. Já entre os que se encontram na ativa este percentual é mais do que sete vezes maior: 23,2%. Por outro lado, enquanto 18,2% das mães entre os aposentados não tinham instrução formal, este percentual reduz-se para 6,8% entre as mães no grupo na ativa.

Esses percentuais apontam modificações no transcorrer do tempo, confirmando informações extraídas da pesquisa de 1993. Naquela ocasião, 32% dos magistrados eram filhos de mães que não haviam concluído o 1º grau; 37% possuíam curso secundário e 19% ostentavam diploma de curso superior.

Os dados relativos ao grau de instrução materna podem ser observados na tabela 18, que distingue os entrevistados segundo a situação funcional:

Tabela 18
Grau de instrução da mãe, por situação funcional, em %

	Ativa	Aposentados	Total
Sem instrução	6,8	18,2	9,8
1º grau incompleto	20,7	23,8	21,5
1º grau completo	15,6	27,1	18,7
2º grau incompleto	5,1	6,0	5,3
2º grau completo	26,0	21,1	24,7
Superior incompleto	2,7	0,8	2,2
Superior completo	23,2	3,0	17,8

Fonte: Pesquisa AMB, 2005.

As diferenças de acordo com as regiões geográficas estão reunidas na tabela 19. Como se percebe, a Região Nordeste apresenta o maior percentual de mães sem escolaridade formal. Mas é também nela e na Região Centro-Oeste que se encontram as maiores proporções de mães com superior completo.

Tabela 19
Grau de instrução da mãe, por região geográfica, em %

	Norte	Nordeste	Sudeste	Sul	Centro-Oeste	Total
Sem instrução	7,2	14,0	9,1	7,4	11,3	9,8
1º grau incompleto	27,2	18,3	19,9	24,3	22,3	21,5
1º grau completo	17,7	17,1	21,5	18,5	13,4	18,7
2º grau incompleto	5,7	5,4	4,9	5,2	6,8	5,4
2º grau completo	23,8	23,1	26,5	23,7	25,0	24,6
Superior incompleto	4,2	1,9	1,7	2,6	1,0	2,1
Superior completo	14,3	20,2	16,3	18,3	20,2	17,9
Total	100,0	100,0	100,0	100,0	100,0	100,0

Fonte: Pesquisa AMB, 2005.

No que diz respeito às diferenças no grau de instrução materno, quando se dividem os entrevistados em grupos a partir da classificação das unidades da Federação por IDH, nota-se que se encontram no quartil baixo tanto a maior proporção de mães sem escolaridade formal quanto a maior proporção de mães com até o 1º grau completo; o mais alto percentual de mães com nível superior completo está no segundo quartil e o mais baixo no terceiro ou médio-baixo. Essas informações estão na tabela 20.

Tabela 20
Grau de instrução da mãe, por quartil de IDH, em %

	Baixo	Médio-baixo	Médio-alto	Alto	Total
Sem instrução	15,7	9,6	10,0	8,2	9,8
1º grau incompleto	22,1	18,8	24,9	20,9	21,5
1º grau completo	16,0	19,0	17,1	19,9	18,7
2º grau incompleto	5,7	5,5	5,5	5,2	5,4
2º grau completo	21,9	23,7	25,5	25,3	24,6
Superior incompleto	2,2	2,5	1,3	2,4	2,1
Superior completo	16,5	20,9	15,8	18,1	17,9
Total	100,0	100,0	100,0	100,0	100,0

Fonte: Pesquisa AMB, 2005.

Grau de instrução do cônjuge/companheiro(a)

A extensa maioria dos entrevistados possui cônjuge ou companheiro com grau de instrução formal semelhante ao seu próprio. Efetivamente, em 71,6% dos casos o companheiro ou a companheira também tem diploma universitário. Como se observa na tabela 21, há diferenças significativas entre as proporções referentes aos dois grupos classificados segundo a situação funcional.

Tabela 21
Grau de instrução do cônjuge/companheiro(a), em %

	Ativa	Aposentados	Total
Sem instrução	0,0	0,1	0,0
1º grau incompleto	0,4	2,3	0,9
1º grau completo	0,7	6,0	2,2
2º grau incompleto	1,5	7,1	3,1
2º grau completo	9,5	24,4	13,8
Superior incompleto	9,1	6,6	8,4
Superior completo	52,6	42,7	49,8
Pós-graduação	26,2	10,7	21,8

Fonte: Pesquisa AMB, 2005.

É significativamente maior a proporção de cônjuges ou companheiros com nível superior completo e pós-graduação entre os entrevistados na ativa do que no grupo formado pelos aposentados: 78,8% *versus* 53,4%.

Os percentuais relativos ao grau de instrução do cônjuge também variam quando se distinguem os magistrados por região do país. A maior proporção de cônjuges na faixa sem instrução até o 1º grau completo está na Região Nordeste e a menor na Região Norte. Já no que diz respeito ao nível universitário e à pós-graduação, a proporção mais alta está no Centro-Oeste e a mais baixa no Norte. A tabela 22 mostra estas distribuições.

Tabela 22
Grau de instrução do cônjuge/companheiro(a), por região, em %

	Norte	Nordeste	Sudeste	Sul	Centro-Oeste	Total
Sem instrução	—	0,2	—	—	—	0,0
1º grau incompleto	0,5	1,5	0,9	0,8	0,4	0,9
1º grau completo	1,4	3,1	2,2	1,5	3,1	2,2
2º grau incompleto	4,6	2,6	3,3	2,9	3,1	3,1
2º grau completo	12,4	13,5	15,2	13,4	11,2	13,7
Superior incompleto	15,1	8,0	7,5	7,9	8,5	8,4
Superior completo	41,7	45,5	55,3	47,6	52,9	49,8
Pós-graduação	24,3	25,5	15,8	25,9	20,8	21,8
Total	100,0	100,0	100,0	100,0	100,0	100,0

Fonte: Pesquisa AMB, 2005.

Atividade profissional anterior ao ingresso na magistratura

Praticamente a totalidade dos entrevistados exerceu alguma atividade profissional antes de ingressar na magistratura. Este dado sugere que o recrutamento não se dá nos estratos mais altos da população. Em outras palavras, o corpo de magistrados não é constituído majoritariamente por indivíduos provenientes de famílias que possuem recursos financeiros de tal monta, que permitam retardar o ingresso de seus filhos no mercado de trabalho.

A tabela 23 mostra estes percentuais, distinguindo os entrevistados por situação funcional:

Tabela 23
Exercício de atividade profissional antes do ingresso na magistratura, em %

	Ativa	Aposentados
Sim	96,5	98,2
Não	3,5	1,8

Fonte: Pesquisa AMB, 2005.

No que diz respeito ao exercício de atividades profissionais antes do ingresso na magistratura, não há diferenças significativas entre os entrevistados, quer quando distinguidos por gênero, quer por região geográfica ou por unidades da Federação classificadas por IDH.

Formação acadêmica

Há um relativo equilíbrio entre os entrevistados diplomados em faculdades públicas e privadas. Possuem diploma de instituição superior pública 52,7% dos entrevistados. Por outro lado, o diploma é proveniente de instituição privada em 47,3% dos casos. Neste aspecto, não existe diferença entre o grupo formado pelos aposentados e o grupo constituído pelos que estão na ativa.

Em média, os entrevistados obtiveram o diploma de bacharel em direito em 4,3 anos. Não há diferença significativa entre os que estão na ativa (4,4 anos) e os aposentados (4,2 anos). No que se refere à distinção por gênero, também não há diferenças. Já no que concerne às regiões, encontra-se no Sul a média mais elevada (4,5 anos). Em relação ao IDH não foram registradas distinções dignas de destaque.

A maioria não freqüentou ou freqüenta outro curso universitário além do curso de direito. No total de entrevistados, 36,3% afirmaram ter cursado ou cursar um outro curso superior. Essa proporção é relativamente semelhante quando se comparam os aposentados e os que estão na ativa, 38,1% e 35,7%, respectivamente.

No que se refere aos cursos de especialização, 8,8% responderam que estão matriculados neste tipo de curso. Esta proporção é significativamente mais alta entre os que estão na ativa — 11,2% — contra apenas 2,3% entre os aposentados.

Quanto ao mestrado, 4% afirmaram estar cursando este nível da pós-graduação. Entre os que estão na ativa este percentual é de 4,7%, e de 2% entre os aposentados. O doutorado é cursado por 2,1% dos entrevistados, sendo 2,4% entre os da ativa e 1,4% entre os aposentados.

Possuem título de especialização 42,9% dos entrevistados; o de mestre 12,7% e o de doutor 3,6%. Distinguindo-se o conjunto de respondentes pela situação funcional, obtêm-se os seguintes resultados: entre os aposentados, 31,2% têm título de especialização, 11,2% o de mestre e 5,5% o de doutor; entre os que estão na ativa 47,2% têm especialização, 13,3% concluíram o mestrado e 3,0% o doutorado.

Mobilidade geográfica

Considerando-se o Estado de nascimento e a unidade da Federação em que o entrevistado exerce a jurisdição, pode-se concluir que é relativamente baixa a mobilidade geográfica. Entre os entrevistados, 69,2% são magistrados na mesma unidade da Federação em que nasceram. Os estados que mais retêm seus bacharéis de direito são Amapá e Alagoas, com 85,7% e 85,0%, respectivamente. Por sua vez, Tocantins é o estado que apresenta o menor percentual de fixação, com 40%.

A comparação, entretanto, entre esses percentuais com os obtidos na pesquisa feita em 1993 indica que houve uma mudança significativa no transcorrer dos anos, na direção de uma maior mobilidade geográfica. No início da década de 1990 chegava a 90% o grupo que trabalhava no mesmo estado. Embora só haja dados para cinco estados, vale a pena ressaltar o contraste com a situação atual: eram 94% em Goiás; 95% em Pernambuco; 95% no Rio Grande do Sul; 93% em São Paulo; 75% no Paraná.

Recrutamento exógeno

A maioria dos entrevistados não possui parentes nas diversas carreiras profissionais públicas ligadas ao direito: magistratura, Promotoria, Defensoria Pública, advocacia pública, polícia. Já na advocacia privada um pouco mais da metade afirmou possuir familiares. Há, contudo, diferenças em relação às carreiras jurídicas, quando se considera o grupo na ativa e o grupo aposentado. A tabela 24 traz estes dados.

Tabela 24
Parentes em atividades de nível universitário em carreiras jurídicas, em %

Atividades de nível universitário	Ativa	Aposentado	Total
Magistratura	26,1	31,1	27,4
Ministério Público	16,3	19,3	17,1
Defensoria Pública	5,0	4,7	5,0
Advocacia pública	11,3	12,4	11,6
Polícia	12,4	13,3	12,6
Advocacia privada	52,0	53,4	52,4

Fonte: Pesquisa AMB, 2005.

As diferenças de percentuais entre os dois grupos fortalecem a hipótese segundo a qual há uma tendência de democratização ou de abertura do corpo de magistrados, no sentido de um recrutamento mais plural, isto é, em setores da população sem tradição nas profissões públicas ligadas ao direito.

Ingresso na magistratura e número de concursos

O tempo médio após a formatura até o ingresso na magistratura é de 7,2 anos (o dobro do tempo determinado na reforma constitucional). Expressivas diferenças são encontradas quando se compara o grupo na ativa com o aposentado: 6,5 anos *versus* 9,4 anos.

Em relação ao gênero, não há diferenças dignas de destaque.

No que se refere às regiões geográficas, no Sudeste encontra-se o valor médio máximo, de 8,8 anos, e no Sul o mínimo, de 5,9 anos.

Quanto aos quartis do IDH, as médias são as seguintes: 6,9 anos no baixo; 6,6 anos no médio-baixo; 8,4 anos no médio-alto; e 7,1 anos no alto.

Entre os entrevistados, 37,8% prestaram apenas um concurso. Este percentual era significativamente mais alto em 1993: 63%. A média de concursos é de 2,5, sendo de 2,0 para os aposentados e de 2,6 para os que estão na ativa. O grupo masculino prestou em média 2,4 concursos e o feminino 2,6. Os magistrados da Região Norte apresentaram a maior média de concursos prestados, 2,9; seguidos pelos da Região Centro-Oeste com 2,7; do Nordeste com 2,5; do Sudeste com 2,4; e finalmente os do Sul com 2,3. Distribuindo-se os entrevistados por quartil de IDH os valores médios são os seguintes: 2,5 concursos no baixo; 2,7 no médio-baixo; 2,6 no médio-alto; e 2,3 no alto.

Exercício de atividades acadêmicas

A extensa maioria dos entrevistados não leciona quer em faculdades de direito públicas, quer em faculdades privadas, nem na Escola da Magistratura ou em outras instituições. Os percentuais relativos aos que responderam afirmativamente à questão que indagava se o entrevistado exercia o magistério estão apresentados na tabela 25:

Tabela 25
Exercício de magistério em diferentes instituições, em %

Leciona em	Ativa	Aposentado	Total
Fac. Direito pública	4,8	4,9	4,8
Fac. Direito privada	20,3	17,9	19,6
Escola da Magistratura	17,1	8,6	14,8
Outras instituições	10,3	9,1	10,0

Fonte: Pesquisa AMB, 2005.

Percepções e avaliações sobre o sistema de justiça e questões conjunturais

O conhecimento das percepções e avaliações dos entrevistados referentes ao sistema de justiça confere dinamismo aos retratos demográficos e sociológicos da magistratura. Para a produção dessa imagem serão levadas em consideração respostas dadas a uma série de questões relativas ao Poder Judiciário, às propostas presentemente em discussão, à OAB e aos advogados. Somam-se, ainda, a esses temas avaliações relativas ao governo Lula.

Avaliação do Poder Judiciário

Os entrevistados avaliaram o Poder Judiciário em relação a vários aspectos, em particular no que se refere à agilidade, à custa e à imparcialidade. Os três itens a seguir mostram essas avaliações, distinguindo os entrevistados por situação funcional, gênero, instância em que atuam, tempo na magistratura, região geográfica e quartil de IDH.

Agilidade

No que diz respeito à agilidade, os entrevistados têm uma percepção pouco corporativa e bastante crítica do Judiciário (tabela 26). O Judiciário brasileiro, como um todo, merece "muito bom" e "bom" de apenas 9,9% dos magistrados. No extremo oposto, quase a metade — 48,9% — avalia a instituição quanto à agilidade, como "ruim" e "muito ruim". Há, contudo, expressivas diferenças nas notas dadas para cada um dos ramos e tribunais. Isoladamente, todos têm uma avaliação melhor do que a obtida pelo Judiciário como um todo.

No geral, a Justiça Eleitoral é o órgão mais bem avaliado, com "muito bom" e "bom" de 64,8%. Em segundo lugar, mas muito distante deste percentual, aparece a Justiça do Trabalho, com 29,3% de notas "muito bom" e "bom". As piores avaliações (soma dos percentuais "ruim" e "muito ruim") foram conferidas para o Superior Tribunal Federal (STF) e para a Justiça Estadual, com 45,3% e 44,6%, respectivamente.

A avaliação predominantemente negativa conferida em relação à Justiça Estadual chama a atenção, uma vez que se trata do ramo de atuação dos entrevistados, reforçando a tese de predomínio de um espírito crítico entre os magistrados. Note-se também que mais da metade dos entrevistados (59,3%) não respondeu ou não emitiu opinião sobre a Justiça Militar. Um percentual igualmente significativo — 43,3% — não manifestou opinião sobre o Tribunal Superior do Trabalho (TST) quanto à agilidade. Tais abstenções podem ser interpretadas de forma positiva, como um sinal de seriedade, isto é, como uma opção deliberada de não emitir opinião sobre o desempenho de instituições não suficientemente conhecidas.

Essas avaliações mais gerais apresentam importantes variações quando se distingue o conjunto de entrevistados por situação funcional, por gênero, por instância, por tempo na magistratura, por regiões geográficas do país e por quartil de IDH.

Tabela 26
Avaliação do Judiciário em relação à agilidade, em %

	Bom/Boa*	Regular	Ruim**	NR/Sem opinião
Judiciário	9,9	38,7	48,9	2,5
Justiça Estadual	17,2	34,9	44,6	3,3
Justiça do Trabalho	29,3	29,0	16,8	24,9
Justiça Federal	14,5	27,1	39,5	18,9
Justiça Eleitoral	64,8	17,1	6,9	11,2
Justiça Militar	13,6	17,2	9,9	59,3
TST	12,0	22,5	22,2	43,3
STJ	18,0	33,7	33,4	14,9
STF	13,1	29,3	45,3	12,3

Fonte: Pesquisa AMB, 2005.
*Soma das notas "muito bom" e "bom"; **soma das notas "ruim" e "muito ruim".

Três instituições — a Justiça do Trabalho, a Justiça Eleitoral e o STF — (tabela 27) são avaliadas de forma significativamente diferente por aposentados e por aqueles que estão na ativa. Nos dois primeiros casos, a avaliação dos aposentados é menos positiva e quanto ao STF mais favorável. Ressalte-se que, no que se refere à Justiça do Trabalho e à Justiça Eleitoral, essas diferenças manifestam-se nos percentuais somados de "muito bom" e "bom" e não nos de "ruim" e "muito ruim".

Tabela 27
Avaliação do Judiciário em termos de agilidade,
por situação funcional, em %

	Ativa				Aposentado			
	Bom/Boa*	Regular	Ruim**	NR/S. op.	Bom/Boa*	Regular	Ruim**	NR/S. op.
Judiciário	9,5	40,3	48,6	1,6	11,4	34,1	49,7	4,8
Justiça Estadual	16,8	36,4	44,4	2,4	18,4	30,7	45,1	5,8
Justiça do Trabalho	31,4	28,7	16,2	23,8	23,8	29,8	18,7	27,8
Justiça Federal	14,0	28,4	39,5	18,1	16,0	23,3	39,7	21,0
Justiça Eleitoral	67,1	16,6	6,5	9,8	58,6	18,4	7,8	15,2
Justiça Militar	13,6	17,2	10,5	58,7	13,4	17,2	8,1	61,4
TST	11,4	22,0	22,5	44,1	13,7	23,6	21,6	41,0
STJ	17,0	34,1	34,8	14,1	20,6	32,6	29,6	17,2
STF	11,7	29,8	46,8	11,7	16,7	27,9	41,6	13,8

Fonte: Pesquisa AMB, 2005.
*Soma das notas "muito bom" e "bom"; **soma das notas "ruim" e "muito ruim".

Em relação ao gênero (tabela 28), as divergências aparecem nas apreciações sobre a Justiça do Trabalho e a Eleitoral. Uma maior proporção de mulheres avalia positivamente a Justiça do Trabalho (35,4% *versus* 27,5%). Já a Justiça Eleitoral recebe as notas mais altas entre os magistrados do gênero masculino — 66,5% — declinando para 59,5% entre as do gênero feminino.

Tabela 28

Avaliação do Judiciário em termos de agilidade, por gênero, em %

	Masculino				Feminino			
	Boa*	Regular	Ruim**	NR/S. op.	Boa*	Regular	Ruim**	NR/S. op.
Judiciário	10,1	38,6	48,7	2,6	9,1	39,3	49,5	2,1
Justiça Estadual	17,9	35,0	43,6	3,5	14,4	34,6	47,9	3,1
Justiça do Trabalho	27,5	29,6	17,2	25,7	35,4	26,9	15,5	22,2
Justiça Federal	13,7	26,5	40,3	19,5	17,5	29,2	36,6	16,8
Justiça Eleitoral	66,5	16,6	6,6	10,4	59,5	18,7	7,7	14,1
Justiça Militar	13,4	17,4	9,8	59,5	13,8	16,5	10,3	59,3
TST	11,9	21,9	22,3	43,9	12,8	24,7	21,7	40,8
STJ	18,5	33,5	33,1	14,9	16,0	34,3	34,6	15,1
STF	13,2	28,6	46,0	12,3	12,4	32,1	43,1	12,4

Fonte: Pesquisa AMB, 2005.
*Soma das notas "muito boa" e "boa"; **soma das notas "ruim" e "muito ruim".

A distinção dos entrevistados segundo o grau em que atuam (tabela 29) revela diferenças expressivas nas proporções de avaliações positivas e negativas. No geral, os de primeira instância são mais críticos, com exceção da avaliação relativa à Justiça do Trabalho. Assim, é significativamente menor a proporção dos que consideram "muito bom" e "bom" o Judiciário, a Justiça Estadual, o Superior Tribunal de Justiça (STJ) e o STF entre os magistrados de 1º grau. Por outro lado, é comparativamente maior o grupo que considera "ruim" e "muito ruim" a Justiça Federal entre os que atuam em tribunais — 44,3% *versus* 37,9% — do que entre os de 1ª instância.

Tabela 29
Avaliação do Judiciário em termos de agilidade, por instância, em %

	1º grau				2º grau			
	Bom/Boa*	Regular	Ruim**	NR/S. op.	Bom/Boa*	Regular	Ruim**	NR/S. op.
Judiciário	8,8	38,6	50,5	2,1	13,6	38,7	43,9	3,7
Justiça Estadual	15,6	35,2	46,5	2,8	22,3	33,9	38,8	5,1
Justiça do Trabalho	31,6	29,2	15,2	24,0	22,4	28,3	21,8	27,5
Justiça Federal	14,9	28,4	37,9	18,8	13,3	23,0	44,3	19,4
Justiça Eleitoral	64,5	17,8	7,4	10,2	65,5	14,9	5,3	14,4
Justiça Militar	12,5	17,3	10,3	59,9	16,5	16,9	8,4	58,2
TST	11,8	22,4	21,3	44,4	12,8	22,4	25,0	39,8
STJ	16,1	33,9	34,4	15,7	23,5	33,4	30,5	12,6
STF	11,5	29,1	46,2	13,2	17,8	29,6	43,2	9,4

Fonte: Pesquisa AMB, 2005.
*Soma das notas "muito bom" e "bom"; **soma das notas "ruim" e "muito ruim".

São notáveis as diferenças quando se desagrega o conjunto de entrevistados a partir do critério de tempo na magistratura (tabelas 30 e 31). De uma forma geral, os que estão na magistratura há menos tempo tendem a ser mais críticos. Inversamente, os maiores percentuais de avaliações positivas encontram-se no grupo que pertence à magistratura há 21 anos e mais. A avaliação positiva sobre o Judiciário em geral é mais acentuada no grupo de 21 anos e mais, atingindo 12,9%, negativa no grupo de até cinco anos, com 53,1% de "ruim e "muito ruim". Quanto à Justiça Estadual, a diferença estatisticamente significativa manifesta-se em decorrência do percentual resultante da soma de notas "muito boa" e "boa" conferida pelos mais antigos quando contrastados com todos os demais. A Justiça do Trabalho é consideravelmente mais bem avaliada pelo grupo mais jovem. A Justiça Federal, por sua vez, é avaliada de modo diverso pelo grupo que exerce a função jurisdicional entre 11 e 20 anos, com 45,4% de "ruim" e "muito ruim". A Justiça Eleitoral tem uma maior proporção de avaliação positiva entre os que estão na magistratura entre seis e 10 anos. O TST e o STF recebem uma avaliação significativamente mais negativa entre os magistrados que exercem a jurisdição entre 11 e 20 anos. Ao STJ é conferida a melhor avaliação comparativa pelo grupo que exerce a jurisdição há 21 anos e mais.

Tabela 30
Avaliação do Judiciário em termos de agilidade, por tempo na magistratura (até 5 anos e de 6 a 10 anos), em %

	Até 5 anos				6 a 10 anos			
	Bom/Boa*	Regular	Ruim**	NR/S. op.	Bom/Boa*	Regular	Ruim**	NR/S. op.
Judiciário	9,6	36,2	53,1	1,1	6,7	43,3	47,7	2,3
Justiça Estadual	15,5	33,4	48,5	2,6	16,2	35,7	45,7	2,3
Justiça do Trabalho	38,2	23,8	12,7	25,3	33,8	29,2	13,4	23,6
Justiça Federal	14,7	31,7	33,5	20,1	14,3	29,4	36,6	19,7
Justiça Eleitoral	62,8	17,7	7,2	12,3	69,9	14,3	5,8	10,1
Justiça Militar	10,5	13,1	7,4	68,9	11,4	17,3	9,4	61,9
TST	8,1	19,0	18,1	54,8	11,0	22,4	21,4	45,2
STJ	12,7	33,4	37,6	16,4	14,7	32,1	38,8	14,4
STF	9,8	29,7	46,1	14,4	9,5	32,7	46,7	11,1

Fonte: Pesquisa AMB, 2005.
*Soma das notas "muito bom" e "bom"; **soma das notas "ruim" e "muito ruim".

Tabela 31
Avaliação do Judiciário em termos de agilidade, por tempo na magistratura (mais de 11 anos), em %

	11 a 20 anos				21 anos e mais			
	Bom/Boa*	Regular	Ruim**	NR/S. op.	Bom/Boa*	Regular	Ruim**	NR/S. op.
Judiciário	9,0	38,1	51,5	1,5	12,9	38,0	45,1	4,0
Justiça Estadual	13,4	36,3	47,8	2,6	22,8	33,7	38,7	4,8
Justiça do Trabalho	30,5	30,4	18,2	20,8	20,7	29,9	19,5	29,9
Justiça Federal	13,8	25,4	45,4	15,4	15,1	25,5	37,3	22,1
Justiça Eleitoral	63,8	18,0	7,9	10,3	64,5	17,1	6,0	12,5
Justiça Militar	13,7	17,6	12,8	55,8	15,8	18,0	7,9	58,3
TST	11,7	23,1	27,6	37,6	14,5	23,1	18,6	43,8
STJ	17,5	33,6	35,2	13,7	22,3	34,7	27,0	16,0
STF	10,7	27,9	50,7	10,7	18,9	28,9	38,4	13,8

Fonte: Pesquisa AMB, 2005.
*Soma das notas "muito bom" e "bom"; **soma das notas "ruim" e "muito ruim".

A distinção dos entrevistados por região geográfica onde exercem a jurisdição mostra diferenças dignas de nota (tabela 32). A Justiça Estadual recebe notas positivas em proporção significativamente maior entre os magistrados do Sul; a Justiça do Trabalho entre os do Norte e do Centro-Oeste; a Justiça Eleitoral entre os do Sul; o STF entre os do Nordeste. Por outro lado, é expressivamente mais baixo o percentual de notas "muito boa" e "boa" conferido à Justiça Federal entre os entrevistados do Sudeste.

Tabela 32
Avaliação positiva* do Judiciário em termos de agilidade, por região geográfica, em %

	Norte	Nordeste	Sudeste	Sul	Centro-Oeste
Judiciário	10,5	9,7	8,1	11,7	11,3
Justiça Estadual	15,8	11,8	17,4	21,5	18,3
Justiça do Trabalho	42,5	32,2	25,2	24,7	38,5
Justiça Federal	18,0	19,0	5,3	21,6	13,3
Justiça Eleitoral	67,3	61,9	61,3	70,2	65,4
Justiça Militar	14,3	13,7	11,9	15,3	12,6
TST	15,7	14,7	10,0	10,2	14,6
STJ	19,4	20,7	16,8	16,5	18,2
STF	15,4	17,3	12,4	10,0	11,6

Fonte: Pesquisa AMB, 2005.
* Soma dos percentuais "muito bom" e "bom".

As proporções de avaliação positiva não se distribuem de modo uniforme quando se distinguem os entrevistados de acordo com os estados classificados a partir do IDH (tabela 33). Portanto, verifica-se que a Justiça Estadual é mais bem avaliada nos quartis médio-alto e alto do que nos baixo e médio-baixo. O inverso se passa com o STJ, que recebe um maior percentual de notas positivas nos quartis baixo e médio-baixo. O STF, por sua vez, tem uma proporção de notas "muito bom" e "bom" significativamente mais alta no quartil baixo quando comparado com os demais. O mesmo ocorre com o TST.

Tabela 33
Avaliação positiva* do Judiciário em termos de agilidade, por quartil de IDH, em %

	Baixo	Médio-baixo	Médio-alto	Alto
Judiciário	9,6	9,6	9,9	10,1
Justiça Estadual	12,5	12,0	17,7	19,8
Justiça do Trabalho	31,8	37,9	39,5	21,9
Justiça Federal	22,2	16,4	11,3	13,3
Justiça Eleitoral	60,8	66,1	66,9	64,4
Justiça Militar	13,3	14,6	11,6	13,9
TST	17,8	12,9	13,8	9,5
STJ	21,4	19,7	17,5	16,6
STF	20,4	13,9	11,8	11,3

Fonte: Pesquisa AMB, 2005.
* Soma dos percentuais "muito bom" e "bom".

Custas

No geral, a avaliação do Judiciário no que se refere às custas é mais positiva do que a relativa à agilidade.

O Judiciário é visto como "muito bom" e "bom", em relação a expensas, por 14% dos entrevistados (tabela 34). A Justiça Eleitoral, a Justiça do Trabalho e a Justiça Federal têm um percentual de avaliações positivas bem acima daquele conferido ao Judiciário em geral. Por outro lado, quando se examinam as proporções de notas "ruim" e "muito ruim", nota-se que apenas a Justiça Estadual supera a média obtida pelo Judiciário em geral; todas as demais instituições recebem um percentual muito menor de avaliações negativas. Saliente-se, ainda, que mais da metade dos entrevistados não opinou sobre a Justiça Militar e sobre o TST (67,6% e 53,6%, respectivamente); sendo igualmente relevantes estes percentuais relativos ao STJ e ao STF.

Tabela 34
Avaliação do Judiciário em termos de custas, em %

	Bom/Boa*	Regular	Ruim**	NR/S. op.
Judiciário	14,0	37,6	40,9	7,5
Justiça Estadual	15,0	33,6	44,1	7,3
Justiça do Trabalho	30,4	23,1	13,0	33,5
Justiça Federal	22,3	27,5	19,3	22,9
Justiça Eleitoral	49,4	13,6	4,4	32,6
Justiça Militar	13,7	13,6	5,1	67,6
TST	15,8	19,6	11,0	53,6
STJ	17,4	26,9	15,6	40,1
STF	15,7	26,2	17,9	40,2

Fonte: Pesquisa AMB, 2005.
*Soma das notas "muito bom" e "bom"; **soma das notas "ruim" e "muito ruim".

Os entrevistados em atividade jurisdicional têm, em geral, uma avaliação mais positiva do Judiciário no que tange às custas (tabela 35) do que os aposentados. Quanto a este aspecto, apenas o STJ e o STF recebem uma proporção maior de notas positivas entre os aposentados, quando comparados com os da ativa.

Tabela 35
Avaliação do Judiciário em termos de custas, por situação funcional, em %

	Ativa				Aposentado			
	Bom/Boa*	Regular	Ruim**	NR/S. op.	Bom/Boa*	Regular	Ruim**	NR/S. op
Judiciário	15,6	39,3	38,7	6,4	9,7	32,9	47,0	10,4
Justiça Estadual	16,9	34,3	42,7	6,1	9,8	31,6	47,9	10,7
Justiça do Trabalho	32,4	22,3	11,8	33,4	24,6	25,2	16,1	34,1
Justiça Federal	22,7	27,1	18,6	31,6	21,2	28,6	21,1	29,1
Justiça Eleitoral	51,7	13,2	4,4	30,6	43,2	14,6	4,1	38,1
Justiça Militar	13,8	14,0	5,2	67,0	13,7	12,5	5,1	68,7
TST	16,3	19,0	10,4	54,3	14,8	21,3	12,6	51,3
STJ	16,3	26,2	15,6	41,9	20,3	28,5	15,7	35,5
STF	14,7	25,2	17,9	42,2	18,6	28,7	17,7	35,0

Fonte: Pesquisa AMB, 2005.
*Soma das notas "muito bom" e "bom"; **soma das notas "ruim" e "muito ruim".

A distinção dos entrevistados por gênero (tabela 36) mostra que não há grandes diferenças entre os dois grupos, a não ser quanto às avaliações proferidas sobre a Justiça Eleitoral e sobre o STJ. Nos dois casos, os magistrados do gênero masculino conferem notas positivas em uma proporção significativamente maior do que as do gênero feminino.

Tabela 36
Avaliação do Judiciário em termos de custas, por gênero, em %

	Masculino				Feminino			
	Boa*	Regular	Ruim**	NR/S. op.	Boa*	Regular	Ruim**	NR/S. op.
Judiciário	13,3	37,2	42,2	7,3	16,6	38,6	36,5	8,2
Justiça Estadual	14,7	33,3	44,8	7,1	15,8	33,8	42,2	8,2
Justiça do Trabalho	29,4	22,5	13,6	34,5	33,7	25,3	10,5	30,6
Justiça Federal	22,6	27,1	19,8	30,6	20,9	28,8	17,6	32,7
Justiça Eleitoral	52,1	12,5	4,2	31,2	40,8	17,0	4,9	37,3
Justiça Militar	14,3	13,4	5,2	67,1	11,9	14,3	5,2	68,7
TST	15,6	19,4	11,2	53,8	16,7	20,4	10,3	52,6
STJ	18,3	27,5	15,4	38,8	13,9	24,6	16,4	45,1
STF	16,8	26,5	17,8	39,0	12,4	25,0	17,8	44,8

Fonte: Pesquisa AMB, 2005.
*Soma das notas "muito bom" e "bom"; **soma das notas "ruim" e "muito ruim".

A comparação das avaliações conferidas pelos entrevistados segundo a instância em que exercem a função jurisdicional (tabela 37) revela que o Judiciário em geral, a Justiça Estadual, o STJ e o STF recebem uma maior proporção de notas positivas entre os que atuam em tribunais; à Justiça Eleitoral é conferido um maior percentual de "muito bom" e "bom" entre os de 1ª instância; é expressivamente maior a proporção de notas negativas dadas à Justiça Estadual pelos de 1ª instância.

Tabela 37
Avaliação do Judiciário em termos de custas, por instância, em %

	1º grau				2º grau			
	Bom/Boa*	Regular	Ruim**	NR/S. op.	Bom/Boa*	Regular	Ruim**	NR/S. op.
Judiciário	13,0	38,8	41,4	6,7	17,0	33,8	39,3	9,9
Justiça Estadual	14,0	33,8	45,8	6,4	18,0	32,8	38,9	10,4
Justiça do Trabalho	30,5	23,3	12,9	33,3	29,9	22,4	13,1	34,5
Justiça Federal	23,0	27,2	18,8	31,1	20,2	28,3	20,8	30,8
Justiça Eleitoral	50,4	13,9	4,7	31,0	46,7	12,5	3,1	37,7
Justiça Militar	13,2	13,8	5,4	67,6	15,3	13,0	4,4	67,3
TST	15,1	19,4	11,3	54,2	18,2	20,2	10,3	51,3
STJ	15,4	27,3	16,0	41,4	23,2	25,6	14,6	36,6
STF	14,0	26,1	18,3	41,5	21,1	26,2	16,3	36,4

Fonte: Pesquisa AMB, 2005.
*Soma das notas "muito bom" e "bom"; **soma das notas "ruim" e "muito ruim".

Tabela 38
Avaliação do Judiciário em termos de custas, por tempo na magistratura (até 5 anos e de 6 a 10 anos), em %

	Até 5 anos				6 a 10 anos			
	Bom/Boa*	Regular	Ruim**	NR/S. op.	Bom/Boa*	Regular	Ruim**	NR/S. op.
Judiciário	18,8	45,6	30,3	5,2	16,4	39,0	37,0	7,6
Justiça Estadual	19,9	39,1	35,2	5,9	18,8	31,9	42,2	7,0
Justiça do Trabalho	35,2	21,9	8,3	34,6	36,3	19,1	11,6	33,0
Justiça Federal	30,2	26,7	12,7	30,4	26,0	24,5	16,4	33,0
Justiça Eleitoral	11,2	10,5	1,8	76,6	12,5	13,9	5,4	68,2
Justiça Militar	12,9	14,8	7,2	65,1	18,7	18,7	9,5	53,1
TST	14,0	26,6	12,4	46,9	15,1	26,0	15,1	43,8
STJ	13,1	26,2	13,5	47,2	14,0	25,7	16,2	44,2
STF	63,8	22,5	10,0	3,7	60,8	24,6	9,9	4,7

Fonte: Pesquisa AMB, 2005.
*Soma das notas "muito bom" e "bom"; **soma das notas "ruim" e "muito ruim".

Tabela 39
Avaliação do Judiciário em termos de custas, por tempo na magistratura (mais de 10 anos), em %

	11 a 20 anos				21 anos e mais			
	Bom/Boa*	Regular	Ruim**	NR/S. op.	Bom/Boa*	Regular	Ruim**	NR/S. op.
Judiciário	12,2	37,1	44,6	6,2	12,6	33,9	44,0	9,5
Justiça Estadual	12,2	33,4	48,5	6,0	14,0	32,2	44,5	9,3
Justiça do Trabalho	30,6	25,3	14,0	30,0	24,4	23,2	14,9	37,6
Justiça Federal	19,0	29,0	22,6	29,5	20,4	27,3	20,1	32,1
Justiça Eleitoral	13,7	14,9	6,7	64,6	15,2	13,0	4,9	66,9
Justiça Militar	15,7	21,5	14,1	48,7	15,3	19,9	10,1	54,7
TST	16,3	25,9	18,4	39,3	21,4	27,6	14,2	36,8
STJ	14,2	25,2	21,7	38,9	19,7	27,5	15,4	37,3
STF	57,7	24,6	13,3	4,4	59,5	24,2	10,4	6,0

Fonte: Pesquisa AMB, 2005.
*Soma das notas "muito bom" e "bom"; **soma das notas "ruim" e "muito ruim".

O contraste das avaliações dadas pelos entrevistados separados em quatro grupos segundo o tempo na magistratura (tabelas 38 e 39) mostra que: o Judiciário em geral é mais bem avaliado pelos que atuam há menos tempo, recebendo uma maior proporção de notas "ruim" e "muito ruim" junto aos dois grupos mais antigos; a Justiça Estadual é mais severamente avaliada pelo grupo que está na magistratura entre 11 e 20 anos; à Justiça do Trabalho é conferido o maior percentual de notas negativas pelo grupo mais antigo; a Justiça Federal recebe uma maior proporção de notas positivas entre os que estão na magistratura há cinco anos ou menos; é comparativamente mais alto o percentual dos que não responderam ou não opinaram sobre a Justiça Eleitoral entre os que exercem a magistratura há menos tempo; a Justiça Militar tem a maior proporção de notas negativas entre os mais antigos e de sem opinião entre os mais recentes; o TST e o STF recebem o maior percentual de avaliações positivas entre os mais antigos e o de avaliações negativas entre os que estão na magistratura entre 11 e 20 anos; o STF tem o maior percentual de avaliações positivas entre os mais recentes, caindo esta proporção quando se passa para os grupos mais antigos.

A distinção dos magistrados por região geográfica (tabela 40) onde exercem a função jurisdicional mostra diferenças relevantes nas seguintes avaliações: no que se refere ao Judiciário em geral e à Justiça Estadual são estatisticamente mais altos os percentuais de notas positivas no Sudeste; é consideravelmente menor a proporção de notas positivas conferidas à Justiça Eleitoral no Sudeste; são contrastantes os percentuais relativos à Justiça Federal nas regiões Nordeste e Sudeste.

Tabela 40
Avaliação positiva* do Judiciário em termos de custas, por região geográfica, em %

	Norte	Nordeste	Sudeste	Sul	Centro-Oeste
Judiciário	12,4	12,0	16,2	13,9	12,0
Justiça Estadual	15,8	12,1	17,3	15,3	11,6
Justiça do Trabalho	31,2	31,4	28,5	31,0	30,9
Justiça Federal	21,1	30,2	13,6	25,4	26,2
Justiça Eleitoral	50,4	51,4	43,4	54,1	52,2
Justiça Militar	14,7	15,2	11,5	14,5	15,3
TST	14,6	15,0	15,3	18,0	14,6
STJ	16,0	18,9	16,2	17,1	19,2
STF	13,9	17,3	15,5	15,0	16,6

Fonte: Pesquisa AMB, 2005.
* Soma dos percentuais "muito bom" e "bom".

Os quatro conjuntos de entrevistados formados segundo os estados agrupados por quartil de IDH (tabela 41) indicam que são contrastantes as avaliações conferidas no quartil baixo e no alto no que concerne ao Judiciário em geral, à Justiça Estadual e ao STF. Por outro lado, quanto à Justiça Federal formam-se dois grupos: de uma parte, os que estão nos quartis alto e médio-alto e de outra os entrevistados que atuam em estados incluídos nos quartis baixo e médio-baixo.

Tabela 41
Avaliação positiva* do Judiciário em termos de custas, por quartil de IDH, em %

	Baixo	Médio-baixo	Médio-alto	Alto
Judiciário	10,6	12,8	13,9	15,2
Justiça Estadual	10,1	14,8	14,2	16,6
Justiça do Trabalho	32,1	30,5	30,5	29,6
Justiça Federal	32,0	25,1	19,8	19,8
Justiça Eleitoral	16,4	14,6	12,8	13,1
Justiça Militar	18,1	13,1	14,3	16,8
TST	19,2	17,7	18,0	16,4
STJ	19,2	14,5	16,0	15,0
STF	44,4	52,0	61,4	64,9

* Soma dos percentuais "muito bom" e "bom".
Fonte: Pesquisa AMB, 2005.

Dever da imparcialidade

Os diferentes ramos do Judiciário brasileiro foram avaliados quanto ao dever da imparcialidade (tabela 42). Os resultados mostram que as avaliações mais positivas foram conferidas à Justiça Estadual, em seguida para a Eleitoral, depois para a Federal. As maiores proporções de notas "muito ruim" e "ruim" foram dadas para o STF (31,7%) que, neste aspecto, se encontra em posição muito distante de todas as demais instituições. Um pouco mais da metade dos entrevistados preferiu não emitir opinião sobre a Justiça Militar (50,7%).

Tabela 42
Avaliação do Judiciário em termos de imparcialidade, em %

	Bom/Boa*	Regular	Ruim**	NR/S. op.
Justiça Estadual	59,4	24,3	11,4	4,9
Justiça do Trabalho	40,5	23,5	14,6	21,4
Justiça Federal	48,8	21,7	11,1	19,4
Justiça Eleitoral	53,4	18,9	12,0	15,7
Justiça Militar	24,0	15,6	9,7	50,7
TST	30,3	21,0	11,3	37,4
STJ	40,0	27,1	16,4	16,5
STF	28,1	26,3	31,7	13,9

Fonte: Pesquisa AMB, 2005.
*Soma das notas "muito bom" e "bom"; **soma das notas "ruim" e "muito ruim".

A distinção dos entrevistados por situação funcional (tabela 43) mostra que os que estão na ativa avaliam de forma positiva, em uma maior proporção, a Justiça Estadual, a Justiça do Trabalho e a Justiça Federal. Em contraste, é maior o contingente entre os aposentados que confere notas "muito boas" e "boas" para o STJ e para o STF. O exame dos percentuais de notas "muito ruim" e "ruim" indica que a maior diferença entre os dois grupos refere-se à avaliação do STF (julgado negativamente por 33,6% dos que se encontram na ativa contra 26,3% dos aposentados).

MAGISTRADOS: UMA IMAGEM EM MOVIMENTO

Tabela 43
Avaliação do Judiciário em termos de imparcialidade, por situação funcional, em %

	Ativa				Aposentado			
	Bom/Boa*	Regular	Ruim**	NR/S. op.	Bom/Boa*	Regular	Ruim**	NR/S. op.
Justiça Estadual	61,1	23,8	10,7	4,4	55,1	25,4	13,1	6,4
Justiça do Trabalho	42,3	23,1	14,3	20,3	35,6	24,6	15,5	24,3
Justiça Federal	51,1	20,9	9,6	18,4	42,7	23,6	11,7	22,0
Justiça Eleitoral	53,5	20,2	12,8	13,5	53,3	15,2	9,9	21,6
Justiça Militar	24,2	15,7	10,6	49,5	23,4	15,1	7,4	54,1
TST	29,9	21,4	11,7	37,1	31,3	20,2	10,5	38,0
STJ	38,6	28,6	17,6	15,1	43,6	22,8	13,3	20,3
STF	26,1	27,7	33,6	12,6	33,7	22,5	26,3	17,5

Fonte: Pesquisa AMB, 2005.
*Soma das notas "muito bom" e "bom"; **soma das notas "ruim" e "muito ruim".

A separação dos entrevistados por gênero evidencia que não há diferenças significativas entre os dois grupos quanto às respectivas avaliações sobre a imparcialidade (tabela 44). Apenas no que se refere à Justiça Eleitoral, ao STJ e ao STF é possível perceber que os magistrados do gênero masculino possuem uma avaliação comparativamente mais positiva.

Tabela 44
Avaliação do Judiciário em termos de imparcialidade, por gênero, em %

	Masculino				Feminino			
	Bom/Boa*	Regular	Ruim**	NR/S. op.	Bom/Boa*	Regular	Ruim**	NR/S. op.
Justiça Estadual	60,1	24,1	11,4	4,5	57,4	25,0	11,3	6,3
Justiça do Trabalho	39,8	23,4	15,0	21,8	43,3	23,5	13,3	20,0
Justiça Federal	49,0	21,6	10,4	19,0	48,3	22,2	9,1	20,4
Justiça Eleitoral	55,5	18,5	11,8	14,2	46,6	20,3	12,6	20,5
Justiça Militar	24,7	15,5	9,7	50,0	21,4	15,9	10,1	52,7
TST	30,7	20,4	11,5	37,4	29,1	22,8	11,0	37,2
STJ	41,2	27,0	15,9	15,9	35,6	27,2	18,4	18,7
STF	29,3	26,0	31,5	13,3	24,4	27,2	32,3	16,1

Fonte: Pesquisa AMB, 2005.
*Soma das notas "muito bom" e "bom"; **soma das notas "ruim" e "muito ruim".

Entrevistados que atuam na 1ª instância têm avaliações distintas dos que atuam em tribunais (tabela 45). A Justiça Estadual, a Justiça Eleitoral, o STJ e o STF são proporcionalmente mais bem avaliados pelos que exercem a função jurisdicional em tribunais do que pelos de 1º grau. Em contraste, a Justiça Federal recebe um maior percentual de notas positivas entre os de 1º grau.

Tabela 45
Avaliação do Judiciário em termos de imparcialidade, por instância, em %

	1º grau				2º grau			
	Bom/Boa*	Regular	Ruim**	NR/S. op.	Bom/Boa*	Regular	Ruim**	NR/S. op.
Justiça Estadual	58,5	25,4	11,6	4,5	62,3	20,9	10,6	6,2
Justiça do Trabalho	40,6	23,9	14,7	20,7	40,2	22,2	14,2	23,4
Justiça Federal	50,4	21,7	9,3	18,6	44,1	21,4	12,6	21,9
Justiça Eleitoral	51,8	20,3	13,4	14,6	58,5	14,6	7,8	19,1
Justiça Militar	23,3	15,5	10,4	50,8	26,0	15,7	7,9	50,4
TST	29,5	20,8	12,0	37,7	32,4	21,8	9,5	36,3
STJ	38,4	27,3	17,7	16,7	44,8	26,4	12,7	16,1
STF	25,9	26,0	34,2	13,9	34,8	27,0	24,1	14,1

Fonte: Pesquisa AMB, 2005.
*Soma das notas "muito bom" e "bom"; **soma das notas "ruim" e "muito ruim".

O tempo na magistratura (tabelas 46 e 47) evidencia diferenças nas avaliações dadas pelos entrevistados: a Justiça Estadual tem uma maior proporção de notas positivas entre os que são magistrados há menos tempo e uma avaliação mais crítica entre os que estão na função entre 11 e 20 anos; a Justiça do Trabalho é mais bem avaliada pelos que estão na magistratura entre 6 e 10 anos; a Justiça Federal tem os menores percentuais de notas "muito bom" e "bom" entre os mais antigos; a Justiça Eleitoral tem a maior proporção de aprovação entre os mais antigos; os que estão há menos tempo na magistratura apresentam o maior percentual de respostas "não sei" ou "sem opinião" sobre a Justiça Militar; o STF é mais bem avaliado quando se passa do grupo mais recente para os com maior tempo de magistratura.

Tabela 46
Avaliação do Judiciário em termos de imparcialidade, por tempo na magistratura, (até 5 anos e de 6 a 10 anos), em %

	Até 5 anos				6 a 10 anos			
	Bom/Boa*	Regular	Ruim**	NR/S.op.	Bom/Boa*	Regular	Ruim**	NR/S.op.
Justiça Estadual	63,8	22,5	10,0	3,7	60,8	24,6	9,9	4,7
Justiça do Trabalho	41,7	19,9	13,5	24,9	46,4	20,1	12,1	21,4
Justiça Federal	53,5	20,1	7,0	19,4	54,5	17,3	7,9	20,3
Justiça Eleitoral	49,3	18,6	17,2	14,8	52,5	20,7	12,2	14,6
Justiça Militar	21,2	10,7	8,7	59,4	23,2	13,5	11,3	52,0
TST	28,8	14,6	10,5	46,1	29,5	19,2	11,2	40,1
STJ	38,0	25,5	20,7	15,7	38,3	27,7	17,4	16,5
STF	22,7	26,9	39,3	11,1	24,6	27,2	34,9	13,3

Fonte: Pesquisa AMB, 2005.
*Soma das notas "muito bom" e "bom"; **soma das notas "ruim" e "muito ruim".

Tabela 47
Avaliação do Judiciário em termos de imparcialidade, por tempo na magistratura (mais de 10 anos), em %

	11 a 20 anos				21 anos e mais			
	Bom/Boa*	Regular	Ruim**	NR/S.op.	Bom/Boa*	Regular	Ruim**	NR/S.op.
Justiça Estadual	57,7	24,6	13,3	4,4	59,5	24,2	10,4	6,0
Justiça do Trabalho	43,9	24,7	15,5	15,9	33,1	25,2	15,6	26,2
Justiça Federal	50,3	22,8	11,4	15,5	42,0	23,0	11,5	23,4
Justiça Eleitoral	52,7	21,0	12,7	13,6	57,0	15,2	8,9	19,0
Justiça Militar	23,7	18,7	11,4	46,2	25,9	14,9	7,7	51,5
TST	31,1	25,0	13,7	30,3	30,4	19,9	9,6	40,1
STJ	39,5	28,5	17,9	14,1	42,2	25,2	13,0	19,6
STF	26,3	28,0	33,8	12,0	34,8	23,2	24,3	17,6

Fonte: Pesquisa AMB, 2005.
*Soma das notas "muito bom" e "bom"; **soma das notas "ruim" e "muito ruim".

O foco nas regiões aponta para importantes diferenças nas avaliações dos entrevistados (tabela 48). Assim, enquanto a Justiça Estadual alcança um máximo de 66,6% de notas positivas entre os magistrados do Sul, tem apenas 46,1% dessas notas entre os do Nordeste; a Justiça do Trabalho é vista como "muito boa" e "boa" por 47,8% dos entrevistados do Norte, caindo para 38,8% entre os do Sul; a Justiça Federal varia de um máximo de 58,2% no Norte para 41,1% no Sudeste; o TST, o STJ e o STF têm a maior proporção de notas positivas no Norte e a menor no Sul.

Tabela 48
Avaliação positiva* do Judiciário em termos de imparcialidade, por região geográfica, em %

	Norte	Nordeste	Sudeste	Sul	Centro-Oeste
Justiça Estadual	56,3	46,1	63,0	66,6	60,3
Justiça do Trabalho	47,8	39,6	40,0	38,8	42,4
Justiça Federal	58,2	54,0	41,1	51,3	49,0
Justiça Eleitoral	53,0	40,9	55,8	62,2	49,0
Justiça Militar	28,0	23,7	22,5	25,1	22,2
TST	35,1	31,6	31,2	26,0	30,8
STJ	43,3	40,4	39,7	37,6	42,7
STF	32,1	29,1	30,4	23,3	26,8

Fonte: Pesquisa AMB, 2005.
* Soma dos percentuais "muito bom" e "bom".

Distinções a partir de quartil de IDH também evidenciam significativas divergências nas avaliações (tabela 49). Crescem os percentuais de notas positivas em relação à Justiça Estadual quando se vai do quartil baixo para o médio-baixo, deste para o médio-alto e depois para o alto (44,4%; 52,0%; 61,4% e 64,9%, respectivamente). Quanto à Justiça do Trabalho, as distâncias aparecem quando se compara o quartil baixo com o alto. No que tange à Justiça Federal, formam-se dois grupos: de um lado, os pertencentes aos quartis baixo e médio-baixo e, de outro, os dos quartis médio-alto e alto. A Justiça Eleitoral é consideravelmente mais bem avaliada no quartil alto. Localiza-se também neste quartil a menor proporção de avaliações positivas sobre o TST e o STJ. O STF recebe proporcionalmente maior percentual de avaliação positiva no quartil baixo.

Tabela 49
Avaliação positiva* do Judiciário em termos de imparcialidade, por quartil de IDH, em %

	Baixo	Médio-baixo	Médio-alto	Alto
Justiça Estadual	44,4	52,0	61,4	64,9
Justiça do Trabalho	44,1	40,6	41,0	39,3
Justiça Federal	54,2	56,4	48,6	45,2
Justiça Eleitoral	39,1	48,4	53,7	58,5
Justiça Militar	23,7	25,7	23,2	23,7
TST	34,1	31,5	32,3	27,9
STJ	43,9	39,8	41,5	38,2
STF	32,9	28,1	27,0	27,2

Fonte: Pesquisa AMB, 2005.
* Soma dos percentuais "muito bom" e "bom".

Decisões judiciais

Foi indagado aos entrevistados se as decisões judiciais deveriam orientar-se de modo preponderante por parâmetros legais, atentar para suas conseqüências econômicas e ter compromisso com as conseqüências sociais. As respostas encontram-se na tabela 50.

Tabela 50
Orientação preponderante de decisões judiciais, por situação funcional, em percentuais de concordância

	Ativa	Aposentado	Total
Parâmetros legais	87,1	84,9	86,5
Compromisso com as conseqüências econômicas	40,5	25,4	36,5
Compromisso com as conseqüências sociais	83,8	64,1	78,5

Fonte: Pesquisa AMB, 2005.

A extensa maioria (86,5%) considera que as decisões judiciais devem orientar-se preponderantemente por parâmetros legais. Por outro lado, mais de 3/4 (78,5%) julgam que se deve ter compromisso com as conseqüências sociais. O compromisso com as conseqüências econômicas obteve resposta positiva de 36,5% dos magistrados.

Os percentuais de respostas positivas são significativamente diferentes quando se leva em consideração a situação funcional dos entrevistados (tabela 50), em particular em duas alternativas: compromisso com as conseqüências econômicas e compromisso com as conseqüências sociais. A proporção de concordância é bem superior entre os que estão na ativa.

A distinção dos entrevistados por gênero também se mostra relevante (tabela 51). Uma maior proporção de homens do que de mulheres concorda com a preponderância de parâmetros legais (87,2% *versus* 84,2%). No que se refere aos compromissos com as conseqüências econômicas e sociais, contudo, o quadro se inverte: é comparativamente maior o grupo de entrevistadas do gênero feminino que afirmou pautar suas decisões por esses compromissos.

Tabela 51
Orientação preponderante de decisões judiciais, por gênero, em percentuais de concordância

	Masculino	Feminino	Total
Parâmetros legais	87,2	84,2	86,5
Compromisso com as conseqüências econômicas	33,6	46,4	36,4
Compromisso com as conseqüências sociais	75,7	88,0	78,5

Fonte: Pesquisa AMB, 2005.

São praticamente semelhantes as opiniões dos magistrados quando distribuídos por instância em que atuam no tocante à preponderância dos parâmetros legais e ao compromisso com as conseqüências econômicas (tabela 52). Já no que se refere ao compromisso com as conseqüências sociais, os dois grupos são distintos: é significativamente maior o apoio entre os que atuam no 1º grau (80,3% *versus* 73,1%).

Tabela 52
Orientação preponderante de decisões judiciais, por instância, em percentuais de concordância

	1º grau	2º grau	Total
Parâmetros legais	86,5	86,6	86,5
Compromisso com as conseqüências econômicas	37,3	34,1	36,5
Compromisso com as conseqüências sociais	80,3	73,1	78,5

Fonte: Pesquisa AMB, 2005.

O tempo no exercício da função jurisdicional revelou-se uma importante variável para aglutinar opiniões divergentes (tabela 53). São significativas as diferenças nas proporções de respostas positivas nos quatro grupos, tanto no que se refere ao compromisso com as conseqüências econômicas quanto com as conseqüências sociais. Observa-se que os percentuais de concordância sofrem uma acentuada redução, quando se passa dos grupos mais recentes para os mais antigos. Essa disparidade de opiniões é mais contrastante ao se considerar os dois extremos, ou seja, o grupo com até cinco anos de magistratura e o grupo com 21 anos e mais.

Tabela 53
Orientação preponderante de decisões judiciais, por tempo na magistratura, em percentuais de concordância

	Até 5 anos	6 a 10 anos	11 a 20 anos	21 anos e mais
Parâmetros legais	88,6	89,0	86,1	85,0
Compromisso com as conseqüências econômicas	48,1	42,0	37,4	27,2
Compromisso com as conseqüências sociais	90,2	85,9	81,9	64,9

Fonte: Pesquisa AMB, 2005.

A distribuição dos entrevistados por região geográfica mostra algumas peculiaridades (tabela 54), ainda que este critério não aponte para diferenciações expressivas: o mais baixo percentual de concordância com a orientação preponderante por parâmetros legais encontra-se no Nordeste (80,4%), sendo os entrevistados dessa região, deste ponto de vista, diferentes de todos os demais; a maior proporção de magistrados que responderam afirmativamente à questão segundo a qual as decisões judiciais devem atentar para as conseqüências econômicas está no Norte (43%) e a menor no Nordeste (32,9%); também está na Região Norte o maior percentual de concordância com o compromisso com as conseqüências sociais (85,7%); neste último quesito, o menor percentual está no Sudeste (74,1%).

Tabela 54

Orientação preponderante de decisões judiciais, por região geográfica, em percentuais de concordância

	Norte	Nordeste	Sudeste	Sul	Centro-Oeste
Parâmetros legais	87,5	80,4	88,4	88,3	88,7
Compromisso com as conseqüências econômicas	43,0	32,9	34,8	39,0	38,0
Compromisso com as conseqüências sociais	85,7	79,9	74,1	80,1	79,7

Fonte: Pesquisa AMB, 2005.

Tabela 55

Orientação preponderante de decisões judiciais, por quartil de IDH, em percentuais de concordância

	Baixo	Médio-baixo	Médio-alto	Alto	Total
Parâmetros legais	79,1	84,1	88,8	88,3	86,6
Compromisso com as conseqüências econômicas	30,9	39,6	36,0	37,2	36,5
Compromisso com as conseqüências sociais	78,3	83,5	78,9	76,8	78,5

Fonte: Pesquisa AMB, 2005.

A distinção dos entrevistados de acordo com o quartil de IDH (tabela 55) revela que os magistrados que atuam nos estados classificados no quartil baixo diferem de modo significativo dos demais quanto à concordância com a assertiva de que as decisões judiciais devem orientar-se preponderantemente por parâmetros legais — a proporção é menor. O mesmo pode ser afirmado no que diz respeito ao compromisso com as conseqüências econômicas. Já quanto ao compromisso com as conseqüências sociais, destacam-se os que atuam nos estados englobados no quartil médio-baixo, apresentando uma proporção maior do que a verificada nos demais quartis.

Avaliação da atuação e composição do STF

Os entrevistados avaliaram a atuação do STF em algumas áreas. As notas conferidas (tabela 56) mostram que, em geral, a avaliação é regular, sendo de clara reprovação em duas áreas: no que se refere à independência em relação ao Executivo e à independência em relação às forças econômicas. A área mais bem avaliada diz respeito à relação com os demais tribunais, com uma nota média de 6,5; em seguida, vem a independência em relação ao Congresso, com nota média de 5,3.

Tabela 56
Avaliação do STF, médias de notas de 0 a 10, por situação funcional

	Ativa	Aposentado	Total
Independência em relação ao Executivo	3,7	4,5	3,9
Independência em relação ao Congresso	5,1	5,8	5,3
Relação com os demais tribunais superiores	6,4	7,0	6,5
Relação com a magistratura	4,9	5,9	5,1
Relação com as associações de classe	4,7	5,6	5,0
Independência em relação às forças econômicas privadas	4,6	5,6	4,8

Fonte: Pesquisa AMB, 2005.

Aposentados e magistrados na ativa têm avaliações relativamente distintas sobre o desempenho da mais alta corte de Justiça (tabela 56). De modo geral, os que estão exercendo uma atividade jurisdicional são mais críticos. Entre os da ativa, a média de todas as notas é 4,9, inferior a 5,0, valor normalmente considerado nota mínima para aprovação. Esse grupo reprova o STF em quatro das seis áreas em análise. Já os aposentados conferem uma nota geral média de 6,0, reprovando o STF em apenas uma área: independência em relação ao Executivo. Sublinhe-se, ainda, que, em todos os casos, as notas dadas pelos aposentados são mais altas — no que se refere à relação com a magistratura e à independência no tocante às forças econômicas privadas as médias chegam a ser um ponto superior.

Há também diferenças quando se distinguem os entrevistados por gênero (tabela 57). As mulheres mostraram-se mais críticas, conferindo notas mais baixas do que os homens, reprovando a atuação do STF em quatro das seis áreas em exame, enquanto os homens reprovaram em duas. As maiores distâncias entre os dois grupos dizem respeito à independência em relação ao Congresso e à independência no que concerne às forças econômicas privadas.

Tabela 57
Avaliação do STF, médias de notas de 0 a 10, por gênero

	Masculino	Feminino	Total
Independência em relação ao Executivo	4,0	3,6	3,9
Independência em relação ao Congresso	5,4	4,8	5,3
Relação com os demais tribunais superiores	6,6	6,2	6,5
Relação com a magistratura	5,1	5,2	5,1
Relação com as associações de classe	5,0	4,9	5,0
Independência em relação às forças econômicas privadas	5,0	4,4	4,8

Fonte: Pesquisa AMB, 2005.

Considerando-se a instância de atuação dos magistrados (tabela 58), observa-se que as notas médias mais baixas foram dadas pelos de 1ª instância. Assim, enquanto os que atuam no 1º grau reprovaram a atuação do STF em três das seis áreas, os que exercem a magistratura em tribunais reprovaram em apenas uma. A maior discrepância entre os dois grupos refere-se à avaliação conferida à independência em relação às forças econômicas privadas — 4,6 *versus* 5,5.

Tabela 58
Avaliação do STF, médias de notas de 0 a 10, por instância

	1º grau	2º grau	Total
Independência em relação ao Executivo	3,7	4,4	3,9
Independência em relação ao Congresso	5,1	5,8	5,3
Relação com os demais tribunais superiores	6,5	6,8	6,5
Relação com a magistratura	5,0	5,5	5,1
Relação com as associações de classe	4,8	5,3	5,0
Independência em relação às forças econômicas privadas	4,6	5,5	4,8

Fonte: Pesquisa AMB, 2005.

Tabela 59
Avaliação do STF, médias de notas de 0 a 10, por tempo na magistratura

	Até 5 anos	6 a 10 anos	11 a 20 anos	21 anos e mais	Total
Independência em relação ao Executivo	3,2	3,6	3,7	4,5	3,9
Independência em relação ao Congresso	4,9	5,0	5,1	5,9	5,3
Relação com os demais tribunais superiores	6,4	6,2	6,3	7,0	6,5
Relação com a magistratura	4,9	4,7	5,0	5,7	5,1
Relação com as associações de classe	4,7	4,6	4,8	5,4	4,9
Independência em relação às forças econômicas privadas	4,1	4,4	4,7	5,6	4,8

Fonte: Pesquisa AMB, 2005.

As diferenças entre os entrevistados também se manifestam quando se considera o tempo na magistratura (tabela 59). O grupo formado pelos que têm menos tempo é, em geral, mais crítico. As médias tendem a subir quando se passa dos grupos mais jovens para os mais antigos. Assim, no primeiro grupo, com até cinco anos de exercício da magistratura, o STF é reprovado em cinco áreas; no segundo, com entrevistados em atuação de seis a 10 anos, a reprovação cai para quatro áreas; no terceiro, com 11 a 20 anos de magistratura, há três reprovações; por fim, nos que somam 21 anos ou mais de magistratura apenas uma área recebe nota média inferior a 5,0. É exatamente neste último grupo que aparece a única média 7,0, isto é, uma avaliação claramente positiva.

A distribuição dos entrevistados de acordo com a região geográfica (tabela 60) sugere que se concentram na Região Sul os magistrados com a avaliação mais crítica sobre a atuação do STF. Esses entrevistados reprovam a atuação da instituição em cinco das seis áreas em apreciação. No extremo oposto encontram-se os magistrados do Nordeste que conferem nota abaixo de 5,0, ou de reprovação, em apenas uma área.

Tabela 60
Avaliação do STF, médias de notas de 0 a 10, por região geográfica

	Norte	Nordeste	Sudeste	Sul	Centro-Oeste	Total
Independência em relação ao Executivo	3,9	4,2	3,9	3,6	3,7	3,9
Independência em relação ao Congresso	5,2	5,6	5,4	4,9	5,3	5,3
Relação com os demais tribunais superiores	6,6	6,9	6,5	6,2	6,7	6,5
Relação com a magistratura	5,5	5,7	5,1	4,7	5,1	5,1
Relação com as associações de classe	5,0	5,4	4,9	4,6	5,0	5,0
Independência em relação às forças econômicas privadas	4,8	5,1	5,0	4,4	4,8	4,8

Fonte: Pesquisa AMB, 2005.

Tabela 61
Avaliação do STF, médias de notas de 0 a 10, por quartis de IDH

	Baixo	Médio-baixo	Médio-alto	Alto	Total
Independência em relação ao Executivo	4,5	4,0	3,7	3,8	3,9
Independência em relação ao Congresso	5,7	5,4	5,1	5,2	5,3
Relação com os demais tribunais superiores	7,0	6,7	6,5	6,4	6,5
Relação com a magistratura	5,8	5,6	5,0	4,9	5,1
Relação com as associações de classe	5,5	5,1	4,8	4,8	5,0
Independência em relação às forças econômicas privadas	5,2	4,9	4,8	4,7	4,8

Fonte: Pesquisa AMB, 2005.

Os grupos formados por quartil de IDH (tabela 61) avaliam o STF de forma significativamente distinta. Observa-se que as médias de notas tendem a cair conforme se passa do primeiro conjunto para o segundo, deste para o terceiro e por fim para o quarto. Nos estados que compõem o IDH baixo tem-se uma área reprovada; no médio-baixo duas; no médio-alto três; no alto quatro áreas.

Além de proferirem avaliações sobre o desempenho do STF, os entrevistados foram solicitados a manifestar suas preferências em relação às alternativas referentes à composição do STF (tabela 62). O modelo atual, ou seja, a indicação pelo presidente da República e a aprovação pela maioria absoluta do Senado Federal, é a forma mais rejeitada entre as apresentadas. Por outro lado, a indicação apenas de membros da carreira da magistratura é a alternativa com o maior grau de concordância (7,8). Em seguida, mas com um grau de concordância menor, aparece a lista elaborada pela magistratura e remetida ao presidente da República (5,7). Todas as demais alternativas apresentadas são rejeitadas.

Tabela 62
Grau de concordância sobre alternativas referentes à composição do STF, média de notas de 0 a 10, por situação funcional

	Ativa	Aposentado	Total
Indicado pelo presidente da República e aprovado pela maioria absoluta do Senado (modelo atual)	1,4	1,9	1,5
Indicado apenas entre membros da carreira da magistratura	7,9	7,5	7,8
Composição mista e paritária, com membros indicados pelo Judiciário, pelo Legislativo e pelo Executivo.	2,0	1,9	2,0
Composição mista e paritária, com membros do Poder Judiciário, do Ministério Público e advogados	3,8	4,2	3,9
Indicação pelo STF e escolha do presidente da República	2,5	2,9	2,6
Lista elaborada pela magistratura e remetida ao presidente da República	5,8	5,6	5,7
Ministro do STF deve exercer mandato com limite de tempo	5,5	5,2	5,5

Fonte: Pesquisa AMB, 2005.

Não há, no que tange às preferências sobre as alternativas referentes à composição do STF, diferenças significativas entre os entrevistados separados por situação funcional — na ativa e aposentados (tabela 62).

Já a distinção por gênero (tabela 63) revela que as mulheres manifestam uma preferência mais acentuada do que os homens pela indicação apenas de membros da carreira da magistratura (8,4 *versus* 7,6). Em relação às demais alternativas não há diferenças entre os dois grupos.

Tabela 63
Grau de concordância sobre alternativas referentes à composição do STF, média de notas de 0 a 10, por gênero

	Masculino	Feminino	Total
Indicado pelo presidente da República e aprovado pela maioria absoluta do Senado (modelo atual)	1,7	1,1	1,5
Indicado apenas entre membros da carreira da magistratura	7,6	8,4	7,8
Composição mista e paritária, com membros indicados pelo Judiciário, pelo Legislativo e pelo Executivo.	2,1	1,5	2,0
Composição mista e paritária, com membros do Poder Judiciário, do Ministério Público e advogados	3,8	4,1	3,9
Indicação pelo STF e escolha do presidente da República	2,7	2,2	2,6
Lista elaborada pela magistratura e remetida ao presidente da República	5,7	5,8	5,7
Ministro do STF deve exercer mandato com limite de tempo	5,4	5,7	5,5

Fonte: Pesquisa AMB, 2005.

Os entrevistados que atuam em 1º grau distinguem-se dos que atuam em tribunais em relação a vários itens (tabela 64). São mais favoráveis à indicação apenas de membros da carreira da magistratura e à alternativa segundo a qual um ministro do STF deve exercer mandato com limite de tempo. Por outro lado, rejeitam com mais intensidade o modelo atual e também a alternativa que prevê a indicação pelo STF e a escolha do presidente da República.

Tabela 64
Grau de concordância sobre alternativas referentes à composição do STF, média de notas de 0 a 10, por instância

	1º grau	2º grau	Total
Indicado pelo presidente da República e aprovado pela maioria absoluta do Senado (modelo atual)	1,3	2,2	1,5
Indicado apenas entre membros da carreira da magistratura	8,0	7,1	7,8
Composição mista e paritária, com membros indicados pelo Judiciário, pelo Legislativo e pelo Executivo	1,9	2,3	2,0
Composição mista e paritária, com membros do Poder Judiciário, do Ministério Público e advogados	3,8	4,2	3,9
Indicação pelo STF e escolha do presidente da República	2,5	3,1	2,6
Lista elaborada pela magistratura e remetida ao presidente da República	5,8	5,6	5,7
Ministro do STF deve exercer mandato com limite de tempo	5,7	4,8	5,4

Fonte: Pesquisa AMB, 2005.

As opiniões dos entrevistados distribuídos segundo o tempo na magistratura são distintas em relação a apenas duas das alternativas apresentadas (tabela 65). A indicação somente de membros da carreira da magistratura recebe apoio mais enfático entre os dois primeiros grupos (até cinco anos e de seis a 10 anos), do que nos dois mais antigos (de 11 a 20 anos e 21 anos e mais). A opção segundo a qual um ministro do STF deve exercer mandato com limite de tempo é mais aceita entre os que exercem a jurisdição entre 11 e 20 anos e menos aceita entre os que estão no exercício da magistratura há até cinco anos.

Tabela 65
Grau de concordância sobre alternativas referentes à composição do STF, média de notas de 0 a 10, por tempo na magistratura

	Até 5 anos	6 a 10 anos	11 a 20 anos	21 anos e mais	Total
Indicado pelo presidente da República e aprovado pela maioria absoluta do Senado (modelo atual)	1,4	1,1	1,5	1,9	1,5
Indicado apenas entre membros da carreira da magistratura	8,1	8,2	7,7	7,5	7,8
Composição mista e paritária, com membros indicados pelo Judiciário, pelo Legislativo e pelo Executivo	1,6	1,8	2,2	2,0	2,0
Composição mista e paritária, com membros do Poder Judiciário, do Ministério Público e advogados	3,8	3,8	3,9	4,0	3,9
Indicação pelo STF e escolha do presidente da República	2,3	2,3	2,6	3,0	2,6
Lista elaborada pela magistratura e remetida ao presidente da República	5,7	5,5	5,8	5,8	5,7
Ministro do STF deve exercer mandato com limite de tempo	4,7	5,4	6,1	5,1	5,4

Fonte: Pesquisa AMB, 2005.

Tabela 66
Grau de concordância sobre alternativas referentes à composição do STF, média de notas de 0 a 10, por região geográfica

	Norte	Nordeste	Sudeste	Sul	Centro-Oeste	Total
Indicado pelo presidente da República e aprovado pela maioria absoluta do Senado (modelo atual)	1,1	1,4	1,8	1,4	1,5	1,5
Indicado apenas entre membros da carreira da magistratura	8,2	8,2	7,6	7,5	8,1	7,8
Composição mista e paritária, com membros indicados pelo Judiciário, pelo Legislativo e pelo Executivo	1,4	2,0	1,8	2,4	1,7	2,0

Continua

	Norte	Nordeste	Sudeste	Sul	Centro-Oeste	Total
Composição mista e paritária, com membros do Poder Judiciário, do Ministério Público e advogados	3,6	3,7	3,8	4,3	3,3	3,9
Indicação pelo STF e escolha do presidente da República	2,4	2,7	2,8	2,3	3,2	2,6
Lista elaborada pela magistratura e remetida ao presidente da República	5,4	5,6	5,9	5,6	5,9	5,7
Ministro do STF deve exercer mandato com limite de tempo	4,7	6,7	5,0	5,5	4,9	5,5

Fonte: Pesquisa AMB, 2005.

A distribuição dos entrevistados por região geográfica (tabela 66) revela um maior apoio à indicação apenas de membros da carreira da magistratura entre os que atuam no Norte, no Nordeste e no Centro-Oeste do que junto aos que atuam no Sudeste e no Sul. No que se refere à alternativa que propõe que um ministro do STF deve exercer mandato com limite de tempo, a maior concordância está no Nordeste e a menor no Norte.

Tabela 67
Grau de concordância sobre alternativas referentes à composição do STF, média de notas de 0 a 10, por quartil de IDH

	Baixo	Médio-baixo	Médio-alto	Alto	Total
Indicado pelo presidente da República e aprovado pela maioria absoluta do Senado (modelo atual)	1,3	1,3	1,4	1,7	1,5
Indicado apenas entre membros da carreira da magistratura	8,2	8,2	8,1	7,4	7,8
Composição mista e paritária, com membros indicados pelo Judiciário, pelo Legislativo e pelo Executivo	2,1	1,6	1,8	2,1	2,0
Composição mista e paritária, com membros do Poder Judiciário, do Ministério Público e advogados	3,9	3,6	3,7	4,0	3,9
Indicação pelo STF e escolha do presidente da República	2,7	2,5	2,7	2,6	2,6
Lista elaborada pela magistratura e remetida ao presidente da República	5,6	5,5	5,8	5,8	5,7
Ministro do STF deve exercer mandato com limite de tempo	6,5	5,9	5,3	5,1	5,5

Fonte: Pesquisa AMB, 2005.

A indicação apenas de membros da carreira da magistratura obtém um grau relativamente menor de concordância entre os entrevistados que atuam nos estados compreendidos no quartil alto do que nos demais (tabela 67). A alternativa segundo a qual um ministro do STF deve exercer mandato com limite de tempo recebe, comparativamente, um maior grau de apoio entre os que exercem a magistratura nas unidades da Federação que formam o quartil baixo do que nas demais.

Avaliação de diferentes propostas e temas

Os entrevistados manifestaram sua opinião sobre uma série de propostas e temas diretamente relacionados ao Poder Judiciário. As tabelas a seguir, de números 68 a 75, reproduzem os posicionamentos.

Tabela 68
Avaliação de propostas, em %

	Favorável	Indiferente	Contrário	Sem opinião	Total
Transformar o STF em Corte Constitucional	85,6	4,2	3,9	6,3	100,0
Reduzir a possibilidade de recursos aos tribunais superiores	89,2	1,3	7,5	1,9	100,0
Extinguir o poder normativo da Justiça do Trabalho	32,3	17,9	25,5	24,3	100,0
Instituir Súmula Impeditiva de Recursos para decisões do STJ e do TST	75,6	3,0	17,3	4,1	100,0
Instituir Súmula Vinculante para decisões do STJ e do TST	30,9	4,2	61,2	3,8	100,0
Criação de Justiça Nacional mediante fusão dos segmentos estaduais, federal e trabalhista	37,5	7,7	43,0	11,8	100,0
Extinção do quinto constitucional como forma de ingresso na magistratura	72,7	4,8	20,0	2,5	100,0
Aposentadoria compulsória de juízes aos 70 anos	74,9	4,5	18,3	2,3	100,0
Juízes sem limite de idade para aposentadoria compulsória	14,6	3,3	77,4	4,7	100,0
Participação político-partidária de magistrados	9,0	2,6	86,0	2,4	100,0
Participação político-partidária de membros do MP	8,7	4,1	84,2	3,0	100,0
Estabelecimento nos tribunais de plano plurianual de gestão administrativa de caráter vinculante	62,0	11,3	10,4	16,3	100,0
Participação de juízes do 1º grau na elaboração do orçamento dos tribunais	72,3	8,5	14,9	4,3	100,0
Ampliação da competência dos JECs	60,4	8,3	25,5	5,7	100,0
Ampliação da competência dos Jecrims	56,4	8,6	28,7	6,3	100,0
Eleição direta para órgãos de direção de tribunais regionais e estaduais	77,5	2,7	17,5	2,2	100,0
Observância de critérios objetivos no processo de preenchimento de vagas por merecimento	95,1	1,3	1,9	1,7	100,0
Votação aberta para promoção de magistrados	88,9	3,0	6,3	1,8	100,0
Para preenchimento de vagas por merecimento, o candidato deve obrigatoriamente integrar a 1ª quinta parte da lista	77,9	5,8	12,5	3,8	100,0

Fonte: Pesquisa AMB, 2005.

Tabela 69
Avaliação de propostas por situação funcional, em %

	Ativa				Aposentado			
	Favorável	Indiferente	Contrário	NR/S. op.	Favorável	Indiferente	Contrário	NR/S. op.
Transformar o STF em Corte Constitucional	87,9	3,8	3,0	5,2	79,3	5,2	6,3	9,2
Reduzir a possibilidade de recursos aos tribunais superiores	93,5	1,2	4,3	1,1	77,5	1,7	16,4	4,3
Extinguir o poder normativo da Justiça do Trabalho	30,0	19,4	26,3	24,2	38,5	13,8	23,4	24,3
Instituir Súmula Impeditiva de Recursos para decisões do STJ e do TST	80,4	3,1	13,9	2,6	62,7	2,6	26,6	8,1
Instituir Súmula Vinculante para decisões do STJ e do TST	26,9	4,1	66,4	2,7	41,9	4,4	47,1	6,6
Criação de Justiça Nacional mediante fusão dos segmentos estaduais, federal e trabalhista	39,0	7,9	42,4	10,8	33,3	7,2	44,7	14,8
Extinção do quinto constitucional como forma de ingresso na magistratura	76,4	4,7	17,2	1,6	62,8	4,9	27,3	5,0
Aposentadoria compulsória de juízes aos 70 anos	77,4	4,6	16,4	1,6	68,3	4,1	23,4	4,3
Juízes sem limite de idade para aposentadoria compulsória	12,4	3,5	80,3	3,8	20,5	2,8	69,7	7,0
Participação político-partidária de magistrados	10,5	2,5	84,9	2,1	5,0	2,8	88,9	3,3
Participação político-partidária de membros do MP	10,0	4,0	83,5	2,4	5,2	4,3	86,1	4,3
Estabelecimento nos tribunais de plano plurianual de gestão administrativa de caráter vinculante	67,9	9,9	8,7	13,5	45,8	15,1	15,1	24,0
Participação de juízes do 1º grau na elaboração do orçamento dos tribunais	79,1	7,4	10,6	2,9	53,7	11,6	26,7	8,0
Ampliação da competência dos JECs	60,6	8,3	26,3	4,8	59,9	8,3	23,5	8,4
Ampliação da competência dos Jecrims	55,4	8,7	30,3	5,5	59,1	8,1	24,3	8,5
Eleição direta para órgãos de direção de tribunais regionais e estaduais	81,1	2,0	15,3	1,5	67,8	4,7	23,3	4,3
Observância de critérios objetivos no processo de preenchimento de vagas por merecimento	96,0	1,2	1,7	1,1	92,7	1,6	2,4	3,3
Votação aberta para promoção de magistrados	90,2	2,9	5,5	1,4	85,3	3,1	8,5	3,0
Para preenchimento de vagas por merecimento, o candidato deve obrigatoriamente integrar a 1ª quinta parte da lista	80,4	5,1	12,0	2,6	71,1	7,9	13,6	7,3

Fonte: Pesquisa AMB, 2005.

Tabela 70
Avaliação de propostas por gênero, em %

	Masculino				Feminino			
	Favorável	Indiferente	Contrário	NR/S. op.	Favorável	Indiferente	Contrário	NR/S. op.
Transformar STF em Corte Constitucional	87,2	4,1	4,0	4,8	80,5	4,6	3,4	11,5
Reduzir possibilidade de recursos aos tribunais superiores	89,0	1,3	7,9	1,8	89,6	1,7	6,3	2,4
Extinguir poder normativo da Justiça do Trabalho	33,8	18,1	24,1	24,1	26,7	17,6	30,7	25,0
Instituir Súmula Impeditiva de Recursos para decisões do STJ e TST	77,2	3,0	15,7	4,1	70,0	2,8	22,8	4,4
Instituir Súmula Vinculante para decisões do STJ e TST	32,6	4,6	59,2	3,6	24,5	2,4	68,7	4,4
Criação de Justiça Nacional mediante fusão dos segmentos estaduais, federal e trabalhista	40,5	7,8	40,6	11,0	26,8	7,3	51,2	14,7
Extinção do quinto constitucional como forma de ingresso na magistratura	72,5	4,8	20,2	2,5	73,7	4,6	19,1	2,5
Aposentadoria compulsória de juízes aos 70 anos	74,5	4,6	18,7	2,2	76,5	3,9	16,7	2,8
Juízes sem limite de idade para aposentadoria compulsória	15,4	3,4	76,6	4,6	11,8	2,9	80,2	5,1
Participação político-partidária de magistrados	9,3	2,5	86,0	2,2	8,0	2,9	86,0	3,1
Participação político-partidária de membros do MP	8,8	4,1	84,1	3,0	8,6	4,1	84,6	2,8
Estabelecimento nos tribunais de plano plurianual de gestão administrativa de caráter vinculante	63,4	11,5	10,4	14,7	56,6	10,4	10,5	22,5
Participação de juízes do 1º grau na elaboração do orçamento dos tribunais	70,6	8,7	16,4	4,3	78,3	8,0	9,3	4,4
Ampliação da competência dos JECs	61,2	8,4	24,8	5,7	57,9	8,1	27,9	6,0
Ampliação da competência dos Jecrims	57,4	8,5	28,1	5,9	52,8	9,0	30,8	7,4
Eleição direta para órgãos de direção de tribunais regionais e estaduais	75,1	3,2	19,5	2,3	86,4	1,3	10,3	2,1
Observância de critérios objetivos no processo de preenchimento de vagas por merecimento	94,6	1,6	2,1	1,7	96,8	0,4	1,1	1,7
Votação aberta para promoção de magistrados	88,3	3,1	6,8	1,8	90,7	2,5	4,8	2,0
Para preenchimento de vagas por merecimento, o candidato deve obrigatoriamente integrar a 1ª quinta parte da lista	77,3	6,1	12,6	4,0	79,9	4,8	12,0	3,4

Fonte: Pesquisa AMB, 2005.

Tabela 71
Avaliação de propostas por instância, em %

	1º grau				2º grau			
	Favorável	Indiferente	Contrário	NR/S. op.	Favorável	Indiferente	Contrário	NR/S. op.
Transformar o STF em Corte Constitucional	85,9	4,2	3,6	6,3	84,9	4,2	4,8	6,2
Reduzir a possibilidade de recursos aos tribunais superiores	89,5	1,4	7,2	1,9	88,2	1,3	8,4	2,1
Extinguir o poder normativo da Justiça do Trabalho	32,2	19,0	24,4	24,4	32,7	14,5	29,1	23,8
Instituir Súmula Impeditiva de Recursos para decisões do STJ e do TST	76,2	2,9	17,0	3,9	73,7	3,3	18,2	4,8
Instituir Súmula Vinculante para decisões do STJ e do TST	28,3	3,9	64,3	3,4	38,7	4,8	51,9	4,7
Criação de Justiça Nacional mediante fusão dos segmentos estaduais, federal e trabalhista	38,3	8,0	41,2	12,5	34,8	6,8	48,4	10,0
Extinção do quinto constitucional como forma de ingresso na magistratura	74,8	5,1	17,6	2,4	66,3	3,8	27,0	2,9
Aposentadoria compulsória de juízes aos 70 anos	78,5	4,2	15,0	2,3	64,1	5,4	28,0	2,5
Juízes sem limite de idade para aposentadoria compulsória	13,0	3,4	79,1	4,5	19,5	3,1	72,2	5,2
Participação político-partidária de magistrados	9,3	2,7	85,8	2,2	7,9	2,3	86,7	3,1
Participação político-partidária de membros do MP	9,0	4,1	84,2	2,7	8,1	4,0	84,2	3,8
Estabelecimento nos tribunais de plano plurianual de gestão administrativa de caráter vinculante	62,8	11,7	8,5	17,0	59,5	9,8	16,3	14,3
Participação de juízes do 1º grau na elaboração do orçamento dos tribunais	80,2	7,9	7,4	4,5	48,4	10,6	37,4	3,6
Ampliação da competência dos JECs	60,6	8,5	25,6	5,3	59,9	7,5	25,4	7,2
Ampliação da competência dos Jecrims	56,4	8,7	29,3	5,6	56,5	8,3	26,8	8,4
Eleição direta para órgãos de direção de tribunais regionais e estaduais	85,8	2,6	9,4	2,2	52,6	3,1	41,8	2,4
Observância de critérios objetivos no processo de preenchimento de vagas por merecimento	95,7	1,1	1,5	1,7	93,3	1,9	2,9	1,9
Votação aberta para promoção de magistrados	92,1	2,5	3,7	1,7	79,1	4,3	14,3	2,3
Para preenchimento de vagas por merecimento, o candidato deve obrigatoriamente integrar a 1ª quinta parte da lista	76,8	6,5	13,0	3,7	81,2	3,8	10,9	4,1

Fonte: Pesquisa AMB, 2005.

Tabela 72
Avaliação de propostas por tempo de magistratura — até 10 anos

	Até 5 anos				6 a 10 anos			
	Favorável	Indiferente	Contrário	NR/S. op.	Favorável	Indiferente	Contrário	NR/S. op.
Transformar o STF em Corte Constitucional	87,5	4,6	2,2	5,7	87,5	4,0	2,5	6,0
Reduzir a possibilidade de recursos aos tribunais superiores	93,6	1,8	4,6	0,0	92,9	1,3	4,3	1,4
Extinguir o poder normativo da Justiça do Trabalho	17,8	25,7	28,5	28,1	27,9	17,6	27,0	27,5
Instituir Súmula Impeditiva de Recursos para decisões do STJ e do TST	78,9	1,5	17,5	2,0	84,2	2,2	10,9	2,7
Instituir Súmula Vinculante para decisões do STJ e do TST	23,0	2,4	73,0	1,5	23,3	3,1	71,3	2,4
Criação de Justiça Nacional mediante fusão dos segmentos estaduais, federal e trabalhista	32,7	8,6	45,4	13,4	35,8	8,3	42,6	13,2
Extinção do quinto constitucional como forma de ingresso na magistratura	75,2	3,5	20,0	1,3	80,4	3,8	13,9	1,8
Aposentadoria compulsória de juízes aos 70 anos	77,2	5,3	16,4	1,1	80,2	4,2	13,6	2,0
Juízes sem limite de idade para aposentadoria compulsória	11,4	4,8	81,6	2,2	9,8	3,4	82,4	4,4
Participação político-partidária de magistrados	9,4	1,3	87,7	1,5	9,6	3,1	85,1	2,2
Participação político-partidária de membros do MP	8,3	3,1	87,3	1,3	10,0	4,5	82,8	2,7
Estabelecimento nos tribunais de plano plurianual de gestão administrativa de caráter vinculante	66,9	9,4	6,4	17,3	70,3	9,8	6,0	13,9
Participação de juízes do 1º grau na elaboração do orçamento dos tribunais	86,4	6,6	4,4	2,6	85,5	5,8	6,2	2,5
Ampliação da competência dos JECs	59,2	6,4	30,7	3,7	62,3	8,5	24,5	4,7
Ampliação da competência dos Jecrims	53,9	6,4	36,0	3,7	55,1	10,0	29,7	5,3
Eleição direta para órgãos de direção de tribunais regionais e estaduais	89,0	1,8	7,7	1,5	88,2	1,3	9,1	1,4
Observância de critérios objetivos no processo de preenchimento de vagas por merecimento	98,0	0,2	0,9	0,9	96,2	1,1	1,8	0,9
Votação aberta para promoção de magistrados	92,8	2,2	3,1	2,0	92,4	1,6	4,7	1,3
Para preenchimento de vagas por merecimento, o candidato deve obrigatoriamente integrar a 1ª quinta parte da lista	75,2	5,5	16,2	3,1	80,4	6,0	10,9	2,7

Fonte: Pesquisa AMB, 2005.

Tabela 73
Avaliação de propostas por tempo de magistratura — mais de 10 anos

	11 a 20 anos				21 e mais anos			
	Favorável	Indiferente	Contrário	NR/S. op.	Favorável	Indiferente	Contrário	NR/S. op.
Transformar o STF em Corte Constitucional	88,5	3,8	3,3	4,5	80,3	4,8	5,9	8,9
Reduzir a possibilidade de recursos aos tribunais superiores	91,3	0,9	6,3	1,5	82,7	1,6	12,0	3,7
Extinguir o poder normativo da Justiça do Trabalho	37,2	17,2	25,9	19,7	35,5	15,7	22,8	26,0
Instituir Súmula Impeditiva de Recursos para decisões do STJ e do TST	76,5	3,4	17,0	3,2	68,6	3,3	21,3	6,8
Instituir Súmula Vinculante para decisões do STJ e do TST	29,6	4,3	63,1	3,0	41,0	4,9	48,0	6,1
Criação de Justiça Nacional mediante fusão dos segmentos estaduais, federal e trabalhista	42,6	7,7	39,4	10,2	34,6	7,1	46,0	12,2
Extinção do quinto constitucional como forma de ingresso na magistratura	73,2	5,8	19,0	2,1	66,9	4,5	24,8	3,8
Aposentadoria compulsória de juízes aos 70 anos	79,4	4,3	14,5	1,8	66,1	4,3	25,9	3,7
Juízes sem limite de idade para aposentadoria compulsória	11,5	2,9	81,7	3,9	22,1	3,1	68,1	6,8
Participação político-partidária de magistrados	11,9	3,3	83,4	1,5	5,1	2,2	88,7	4,0
Participação político-partidária de membros do MP	11,1	4,4	81,8	2,7	5,5	3,9	86,6	4,0
Estabelecimento nos tribunais de plano plurianual de gestão administrativa de caráter vinculante	66,2	11,0	9,5	13,3	50,2	13,1	16,2	20,5
Participação de juízes do 1º grau na elaboração do orçamento dos tribunais	77,9	8,5	9,7	3,9	51,6	11,0	30,9	6,5
Ampliação da competência dos JECs	61,0	8,1	25,1	5,8	59,6	8,8	24,7	7,0
Ampliação da competência dos Jecrims	56,7	8,4	27,9	7,0	57,9	8,8	26,1	7,2
Eleição direta para órgãos de direção de tribunais regionais e estaduais	81,9	2,6	13,7	1,9	61,2	4,3	31,1	3,4
Observância de critérios objetivos no processo de preenchimento de vagas por merecimento	95,3	1,3	2,2	1,2	93,2	1,8	1,9	3,0
Votação aberta para promoção de magistrados	90,2	3,0	5,7	1,1	84,0	3,9	9,2	2,9
Para preenchimento de vagas por merecimento, o candidato deve obrigatoriamente integrar a 1ª quinta parte da lista	78,3	6,4	12,6	2,8	77,3	5,4	11,2	6,1

Fonte: Pesquisa AMB, 2005.

Tabela 74
Percentual de respostas favoráveis a propostas por região geográfica

	Norte	Nordeste	Sudeste	Sul	Centro-Oeste
Transformar o STF em Corte Constitucional	85,2	81,4	86,9	87,8	85,7
Reduzir a possibilidade de recursos aos tribunais superiores	90,2	88,4	89,9	88,8	89,0
Extinguir o poder normativo da Justiça do Trabalho	31,8	31,6	32,3	33,2	31,2
Instituir Súmula Impeditiva de Recursos para decisões do STJ e do TST	80,3	75,0	74,3	77,5	72,8
Instituir Súmula Vinculante para decisões do STJ e do TST	28,4	29,6	35,6	27,8	26,9
Criação de Justiça Nacional mediante fusão dos segmentos estaduais, federal e trabalhista	48,5	45,2	30,4	33,8	44,9
Extinção do quinto constitucional como forma de ingresso na magistratura	78,1	71,6	72,1	71,0	78,1
Aposentadoria compulsória de juízes aos 70 anos	77,0	79,8	71,2	73,7	80,0
Juízes sem limite de idade para aposentadoria compulsória	12,1	12,7	17,0	14,0	13,7
Participação político-partidária de magistrados	12,5	7,8	10,2	8,1	6,3
Participação político-partidária de membros do MP	11,7	8,5	9,1	8,3	6,0
Estabelecimento nos tribunais de plano plurianual de gestão administrativa de caráter vinculante	72,1	62,5	60,0	59,3	67,4
Participação de juízes do 1º grau na elaboração do orçamento dos tribunais	84,5	79,2	67,2	69,0	73,8
Ampliação da competência dos JECs	67,5	62,3	59,9	56,9	61,5
Ampliação da competência dos Jecrims	62,1	57,4	56,1	52,6	60,1
Eleição direta para órgãos de direção de tribunais regionais e estaduais	79,6	82,5	75,0	75,8	79,7
Observância de critérios objetivos no processo de preenchimento de vagas por merecimento	95,8	94,9	95,1	95,3	94,4
Votação aberta para promoção de magistrados	89,8	90,3	87,7	89,3	88,7
Para preenchimento de vagas por merecimento, o candidato deve obrigatoriamente integrar a 1ª quinta parte da lista	73,6	75,4	77,6	81,5	77,4

Fonte: Pesquisa AMB, 2005.

Tabela 75
Percentual de respostas favoráveis a propostas por quartil de IDH

	Baixo	Médio-baixo	Médio-alto	Alto
Transformar o STF em Corte Constitucional	79,9	83,4	85,0	88,1
Reduzir a possibilidade de recursos aos tribunais superiores	87,3	89,7	89,7	89,4
Extinguir o poder normativo da Justiça do Trabalho	35,9	29,3	34,1	31,5
Instituir Súmula Impeditiva de Recursos para decisões do STJ e do TST	73,3	78,5	73,6	76,2
Instituir Súmula Vinculante para decisões do STJ e do TST	27,4	30,7	33,4	30,7
Criação de Justiça Nacional mediante fusão dos segmentos estaduais, federal e trabalhista	49,4	43,1	44,5	29,7
Extinção do quinto constitucional como forma de ingresso na magistratura	68,6	77,2	75,7	71,2
Aposentadoria compulsória de juízes aos 70 anos	77,7	79,2	80,2	71,0
Juízes sem limite de idade para aposentadoria compulsória	12,9	12,9	14,0	15,7
Participação político-partidária de magistrados	6,6	10,3	8,2	9,4
Participação político-partidária de membros do MP	7,8	9,7	7,7	9,0
Estabelecimento nos tribunais de plano plurianual de gestão administrativa de caráter vinculante	61,7	67,1	61,9	60,7
Participação de juízes do 1º grau na elaboração do orçamento dos tribunais	79,9	81,0	74,1	67,1
Ampliação da competência dos JECs	61,2	66,7	62,4	57,5
Ampliação da competência dos Jecrims	56,6	61,2	60,1	53,2
Eleição direta para órgãos de direção de tribunais regionais e estaduais	81,1	82,3	80,7	74,2
Observância de critérios objetivos no processo de preenchimento de vagas por merecimento	93,4	96,4	95,1	95,1
Votação aberta para promoção de magistrados	90,3	89,7	89,1	88,3
Para preenchimento de vagas por merecimento, o candidato deve obrigatoriamente integrar a 1ª quinta parte da lista	76,2	72,7	75,3	80,8

Fonte: Pesquisa AMB, 2005.

Entre as 19 propostas apresentadas, quatro são praticamente consensuais, obtendo o apoio de mais de 80% dos entrevistados (tabela 68). São elas: 1. observância de critérios objetivos no processo de preenchimento de vagas por merecimento, com 95,1% de manifestações "totalmente favorável" e "favorável"; 2. reduzir a possibilidade de recursos aos tribunais superiores, com 89,2%; 3. votação aberta para promoção de magistrados, com 88,9%; 4. transformar o STF em Corte Constitucional, com 85,6%.

Recebem, também, um expressivo apoio as seguintes propostas: para o preenchimento de vagas por merecimento, o candidato deve obrigatoriamente integrar a 1ª quinta parte da lista, com 77,9%; eleição direta para órgãos de direção de tribunais regionais e estaduais, com 77,5%; instituir Súmula Impeditiva de Recursos para decisões do STJ e do TST, com 75,6%; aposentadoria compulsória de juízes aos 70 anos, com 74,9%; extinção do quinto constitucional como forma de ingresso na magistratura, com 72,7%; participação de juízes do 1º grau na elaboração do orçamento dos tribunais, com 72,3%.

Por outro lado, duas propostas são fortemente rejeitadas: participação político-partidária de magistrados, somando 86% de avaliações "contrárias" e totalmente contrárias"; e participação político-partidária de membros do Ministério Público, com a rejeição de 84,2%. É ainda reprovada por um número significativo, 77,4%, a proposta que advoga que juízes não tenham limite de idade para a aposentadoria compulsória. Em menor proporção, mas em folgada maioria de 61,2%, é rejeitada a proposta que institui Súmula Vinculante para decisões do STJ e do TST.

A extinção do poder normativo da Justiça do Trabalho divide os entrevistados, tendo 32,3% se manifestado a favor, 25,5% contra, 17,9% indiferentes, além de quase 1/4 não ter opinião a respeito.

As propostas relativas aos juizados especiais cíveis e criminais, embora recebam a maioria de votos a favor, são rejeitadas por um pouco mais de 1/4 dos entrevistados.

A distinção dos magistrados por situação funcional (tabela 69) mostra que quase todas as propostas são avaliadas de forma distinta pelos dois grupos. Enquanto entre os magistrados em exercício da função jurisdicional sete propostas são apoiadas por mais de 80%, este índice cai significativamente entre os aposentados. Apenas duas propostas recebem tão forte apoio no grupo dos aposentados: observância de critérios objetivos no processo de preenchimento de vagas por merecimento e votação aberta para promoção de magistrados.

É consideravelmente mais amplo, em termos comparativos, o grupo que apóia as seguintes propostas entre os que estão na ativa: transformar o STF em Corte Constitucional; reduzir a possibilidade de recursos aos tribunais superiores; instituir Súmula Impeditiva de Recursos para decisões do STJ e do TST; extinção do quinto constitucional como forma de ingresso na magistratura; aposentadoria compulsória de juízes aos 70 anos; estabelecimento nos tribunais de plano plurianual de gestão administrativa de caráter vinculante; participação de juízes do 1º grau na elaboração do orçamento dos tribunais; eleição direta para órgãos de direção de tribunais regionais e estaduais; para o preenchimento de vagas por merecimento, o candidato deve obrigatoriamente integrar a 1ª quinta parte da lista.

É igualmente maior entre os magistrados da ativa o percentual de manifestações contrárias às seguintes propostas: instituir Súmula Vinculante para decisões do STJ e do TST; juízes sem limite de idade para aposentadoria; ampliação da competência dos Juizados Especiais Criminais.

No que diz respeito à distinção dos entrevistados por gênero (tabela 70), observa-se que os homens constituem grupos significativamente maiores de apoio às seguintes propostas: transformar o STF em Corte Constitucional; instituir Súmula Impeditiva de Recursos para decisões do STJ e do TST; estabelecimento nos tribunais de plano plurianual de gestão administrativa de caráter vinculante. Já as mulheres manifestaram, em comparação, apoio mais significativo às seguintes propostas: participação de juízes do 1º grau na elaboração do orçamento dos tribunais; eleição direta para órgãos de direção de tribunais regionais e estaduais. Ademais, é expressivamente maior entre as mulheres a rejeição à instituição de Súmula Vinculante para decisões do STJ e do TST, bem como à criação da Justiça Nacional mediante a fusão dos segmentos estaduais, federal e trabalhista.

O grupo composto pelos magistrados de 1ª instância sustenta posições diferentes daquele formado pelos que atuam em tribunais (tabela 71). É expressivamente maior o apoio às seguintes propostas entre os de 1º grau: votação aberta para promoção de magistrados (92,1% *versus* 79,1%); eleição direta para órgãos de direção de tribunais regionais e estaduais (85,8% *versus* 52,6%); participação de juízes de 1º grau na elaboração do orçamento dos tribunais (80,2% *versus* 48,4%); aposentadoria compulsória de juízes aos 70 anos (78,5% *versus* 64,1%); extinção do quinto constitucional como forma de ingresso na magistratura (74,8% *versus* 66,3%). Em sentido inverso, é mais forte o apoio entre os que atuam em tribunais à proposta que visa instituir Súmula Vinculante para decisões do STJ e TST (38,7% *versus* 28,3%).

A distribuição da opinião dos entrevistados de acordo com o tempo de exercício da magistratura (tabelas 72 e 73) indica que as principais diferenças aparecem no grupo mais antigo em relação aos três outros. Assim, nesse segmento, com 21 anos e mais de magistratura, é proporcionalmente menor o apoio às seguintes propostas: transformar o STF em Corte Constitucional; reduzir a possibilidade de recursos aos tribunais superiores; extinção do quinto constitucional como forma de ingresso na magistratura; aposentadoria compulsória de juízes aos 70 anos; estabelecimento nos tribunais de plano plurianual de gestão administrativa de caráter vinculante; participação de juízes do 1º grau na elaboração do orçamento dos tribunais; eleição direta para órgãos de direção de tribunais regionais e estaduais; votação aberta para promoção de magistrados. Por outro lado, também se localiza nesse grupo a maior aprovação às propostas de instituição de Súmula Vinculante para decisões do STJ e do TST e de juízes sem limite de idade para aposentadoria.

Cresce o percentual de concordância em relação à proposta que tem por objetivo extinguir o poder normativo da Justiça do Trabalho conforme se passa dos grupos mais jovens para os mais antigos.

No grupo que exerce a magistratura entre 6 e 10 anos encontram-se as maiores proporções de favoráveis à Súmula Impeditiva de Recursos para decisões do STJ e do TST; à extinção do quinto constitucional como forma de ingresso na magistratura; e à proposta que prevê que para o preenchimento de vagas por merecimento, o candidato deve obrigatoriamente integrar a 1ª quinta parte da lista.

O grupo que exerce a jurisdição entre 11 e 20 anos, por sua vez, distingue-se dos demais por apresentar, comparativamente, o maior percentual de apoio à criação da Justiça Nacional mediante a fusão dos segmentos estaduais, federal e trabalhista.

O exame das preferências por região (tabela 74) indica diferenças entre os magistrados no que se refere às seguintes propostas:

- instituir Súmula Impeditiva de Recursos para decisões do STJ e TST: os da Região Norte manifestam apoio bem mais alto do que todos os demais;
- instituir Súmula Vinculante para decisões do STJ e do TST: encontra entre os do Sudeste maior simpatia, ainda que não da maioria;
- criação de Justiça Nacional mediante a fusão dos segmentos estaduais, federal e trabalhista: a aceitação é mais forte no Norte, no Nordeste e no Centro-Oeste do que no Sudeste e no Sul;
- extinção do quinto constitucional como forma de ingresso na magistratura: o apoio é maior no Norte e no Centro-Oeste do que nas outras regiões;
- aposentadoria compulsória de juízes aos 70 anos: a concordância é maior no Centro-Oeste do que nas demais regiões;
- estabelecimento nos tribunais de plano plurianual de gestão administrativa de caráter vinculante: apoio significativamente maior na Região Norte;
- participação de juízes do 1º grau na elaboração do orçamento dos tribunais: apoio expressivo na Região Norte;
- ampliação da competência dos JECs: apoio bem maior na Região Norte e menor na Região Sul;
- ampliação da competência dos Jecrims: apoio significativamente menor na Região Sul;
- eleição direta para órgãos de direção de tribunais regionais e estaduais: apoio maior nas regiões Nordeste, Norte e Centro-Oeste;
- para preenchimento de vagas por merecimento, o candidato deve obrigatoriamente integrar a 1ª quinta parte da lista: apoio mais amplo no Sul e relativamente menor no Norte.

A distribuição das preferências dos entrevistados por quartil de IDH (tabela 75) aponta para as seguintes diferenças:

- criação de Justiça Nacional mediante a fusão dos segmentos estaduais, federal e trabalhista: sua aceitação é maior no quartil baixo e significativamente menor no alto;
- extinção do quinto constitucional como forma de ingresso na magistratura: o apoio é maior no quartil médio-baixo;
- aposentadoria compulsória de juízes aos 70 anos: o apoio é expressivamente menor no quartil alto;
- estabelecimento nos tribunais de plano plurianual de gestão administrativa de caráter vinculante: apoio bem maior no quartil médio-baixo;
- participação de juízes do 1º grau na elaboração do orçamento dos tribunais: apoio maior nos quartis baixo e médio-baixo e menor nos quartis médio-alto e alto;
- ampliação da competência dos JECs: apoio significativamente maior no quartil médio-baixo e menor no quartil alto;
- ampliação da competência dos Jecrims: apoio muito menor no quartil alto;
- eleição direta para órgãos de direção de tribunais regionais e estaduais: apoio menor no quartil alto;
- para preenchimento de vagas por merecimento, o candidato deve obrigatoriamente integrar a 1ª quinta parte da lista: apoio mais amplo no quartil alto e relativamente menor no médio-baixo.

Posição quanto a questões relacionadas ao sistema de Justiça

Proibição de contratação de parentes

Os entrevistados foram solicitados a se pronunciar sobre a proibição da contratação de parentes para cargos em comissão, em quaisquer circunstâncias. O nepotismo é rejeitado pela expressiva maioria dos magistrados, chegando a 67,9% os que se pronunciaram contrariamente à contratação de parentes não concursados (tabela 76).

Quanto a essa questão, não há diferenças significativas entre magistrados aposentados e na ativa (tabela 77).

Já no que se refere aos grupos distinguidos pelo gênero (tabela 78), observa-se que as mulheres são um pouco mais a favor da proibição de contratação de parentes do que os homens (70,6% *versus* 67,1%). A rigor, a distância entre os dois grupos não está na proporção de contrários, mas na distância daqueles que se disseram indiferentes e favoráveis à questão.

A diferença significativa entre os entrevistados surge quando se distribuem as respostas por instância de atuação (tabela 79). Os que exercem a função jurisdicional em 1º grau são significativamente mais a favor da proibição de contratação de parentes do que os que atuam em tribunais (71% *versus* 58,4%).

O tempo na magistratura distingue os mais antigos de todos os demais (tabelas 80 e 81). Os magistrados que atuam há 21 anos e mais são menos favoráveis à proibição do que os que estão na magistratura há menos tempo (59,6% *versus* 70,2% no grupo de 11 a 20 anos; 73,1% no grupo de seis a 10 anos e 74,8% nos com até cinco anos).

No que se refere à divisão dos entrevistados segundo a região onde atuam (tabela 82), encontra-se no Centro-Oeste o menor percentual de magistrados favoráveis à proibição de contratação de parentes (56,9%). Em oposição, está na Região Sul a maior proporção de entrevistados a favor da proibição da contratação de parentes sem concurso.

A opinião dos grupos formados a partir dos quartis de IDH (tabela 83) difere no que se refere ao nepotismo. A menor proporção de favoráveis à proibição está no quartil médio-alto (57,9%) e a maior no alto (72,3%).

Tabela 76
Concordância em relação ao nepotismo, em %

	Favorável	Indiferente	Contrário	NR/S. op.
Proibição da contratação de parentes para cargos em comissão, em quaisquer circunstâncias	67,9	6,4	23,8	1,9

Fonte: Pesquisa AMB, 2005.

Tabela 77
Concordância em relação ao nepotismo, por situação funcional, em %

	Ativa				Aposentado			
	Favorável	Indiferente	Contrário	NR/S. op.	Favorável	Indiferente	Contrário	NR/S. op.
Proibição da contratação de parentes para cargos em comissão, em quaisquer circunstâncias	68,4	6,2	23,8	1,5	66,1	7,0	24,1	2,8

Fonte: Pesquisa AMB, 2005.

Tabela 78
Concordância em relação ao nepotismo, por gênero, em %

	Masculino				Feminino			
	Favorável	Indiferente	Contrário	NR/S. op.	Favorável	Indiferente	Contrário	NR/S. op.
Proibição da contratação de parentes para cargos em comissão, em quaisquer circunstâncias	67,1	7,1	23,8	1,9	70,6	4,0	23,8	1,7

Fonte: Pesquisa AMB, 2005.

Tabela 79
Concordância em relação ao nepotismo, por instância, em %

	1º grau				2º grau			
	Favorável	Indiferente	Contrário	NR/S. op.	Favorável	Indiferente	Contrário	NR/S. op.
Proibição da contratação de parentes para cargos em comissão, em quaisquer circunstâncias	71,0	5,9	21,3	1,8	58,4	8,1	31,5	2,0

Fonte: Pesquisa AMB, 2005.

Tabela 80
Concordância em relação ao nepotismo, por tempo na magistratura (até 10 anos), em %

	Até 5 anos				6 a 10 anos			
	Favorável	Indiferente	Contrário	NR/S. op.	Favorável	Indiferente	Contrário	NR/S. op.
Proibição da contratação de parentes para cargos em comissão, em quaisquer circunstâncias	74,8	3,3	20,8	1,1	73,1	5,5	20,0	1,5

Fonte: Pesquisa AMB, 2005.

Tabela 81
Concordância em relação ao nepotismo, por tempo na magistratura (mais de 11 anos), em %

	11 a 20 anos				21 anos e mais			
	Favorável	Indiferente	Contrário	NR/S. op.	Favorável	Indiferente	Contrário	NR/S. op.
Proibição da contratação de parentes para cargos em comissão, em quaisquer circunstâncias	70,2	5,5	22,3	1,9	59,6	9,1	29,2	2,1

Fonte: Pesquisa AMB, 2005.

MAGISTRADOS: UMA IMAGEM EM MOVIMENTO 71

Tabela 82
Concordância em relação ao nepotismo,*
por região geográfica, em %

	Norte	Nordeste	Sudeste	Sul	Centro-Oeste
Proibição da contratação de parentes para cargos em comissão, em quaisquer circunstâncias	69,4	67,1	67,1	72,8	56,9

Fonte: Pesquisa AMB, 2005.
*Soma das respostas "totalmente favorável" e "favorável".

Tabela 83
Concordância em relação ao nepotismo,*
segundo os quartis de IDH, em %

	Baixo	Médio-baixo	Médio-alto	Alto
Proibição da contratação de parentes para cargos em comissão, em quaisquer circunstâncias	67,5	66,7	57,9	72,3

Fonte: Pesquisa AMB, 2005.
*Soma das respostas "totalmente favorável" e "favorável".

Poderes de investigação do Ministério Público (MP)

Praticamente 3/4 dos entrevistados manifestaram-se a favor dos poderes de investigação do MP. Disseram-se contrários 19,8% e indiferentes 4,7% (tabela 84).

A distinção dos entrevistados segundo a situação funcional (tabela 85) mostra que os que estão na ativa são proporcionalmente mais favoráveis aos poderes de investigação do MP do que os aposentados (74,9% *versus* 69,1%).

Quanto ao gênero (tabela 86), as mulheres manifestaram-se significativamente mais a favor do que os homens (79,5% *versus* 71,6%).

São relativamente semelhantes os percentuais de favoráveis aos poderes de investigação do MP entre os entrevistados que atuam em 1º grau e os que atuam em tribunais (tabela 87).

O tempo na magistratura revela-se um critério de distinção importante no que diz respeito ao posicionamento dos entrevistados quanto aos poderes de investigação do MP (tabelas 88 e 89). Observa-se que a proporção de apoio diminui quando se passa dos grupos mais recentes para os mais antigos (assim, cai de 81,2% para 78,2%, em seguida para 72,1% e no grupo mais antigo chega a 68,9%).

Notam-se apreciáveis contrastes quando se consideram as regiões geográficas, especialmente na comparação entre as regiões Sul e a Centro-Oeste (tabela

90). Na primeira está o maior grupo de magistrados favoráveis aos poderes de investigação do MP (80,7%) e no Centro-Oeste o menor (66,1%).

Os grupos que atuam nas unidades da Federação (tabela 91) incluídas nos quartis baixo e médio-baixo são semelhantes, apresentando igual proporção de apoio (71%). Já os que se localizam nos quartis médio-alto e alto são significativamente diferentes (65,8% e 77,7%, respectivamente).

Tabela 84
Concordância em relação aos poderes de investigação do Ministério Público, em %

	Favorável	Indiferente	Contrário	NR/S. op.
Poderes de investigação do MP	73,4	4,7	19,8	2,1

Fonte: Pesquisa AMB, 2005.

Tabela 85
Concordância em relação aos poderes de investigação do Ministério Público, por situação funcional, em %

	Ativa				Aposentado			
	Favorável	Indiferente	Contrário	NR/S. op.	Favorável	Indiferente	Contrário	NR/S. op.
Poderes de investigação do MP	74,9	5,0	18,5	1,6	69,1	4,0	23,4	3,5

Fonte: Pesquisa AMB, 2005.

Tabela 86
Concordância em relação aos poderes de investigação do Ministério Público, por gênero, em %

	Masculino				Feminino			
	Favorável	Indiferente	Contrário	NR/S. op.	Favorável	Indiferente	Contrário	NR/S. op.
Poderes de investigação do MP	71,6	5,0	21,1	2,3	79,5	3,7	15,4	1,4

Fonte: Pesquisa AMB, 2005.

Tabela 87
Concordância em relação aos poderes de investigação do Ministério Público, por instância, em %

	1º grau				2º grau			
	Favorável	Indiferente	Contrário	NR/S. op.	Favorável	Indiferente	Contrário	NR/S. op.
Poderes de investigação do MP	74,4	4,7	18,7	2,2	70,4	4,7	23,0	1,9

Fonte: Pesquisa AMB, 2005.

MAGISTRADOS: UMA IMAGEM EM MOVIMENTO

Tabela 88
Concordância em relação aos poderes de investigação do Ministério Público, por tempo na magistratura (até 10 anos), em %

	Até 5 anos				6 a 10 anos			
	Favorável	Indiferente	Contrário	NR/S. op.	Favorável	Indiferente	Contrário	NR/S. op.
Poderes de investigação do MP	81,2	3,5	13,2	2,0	78,2	4,0	16,4	1,5

Fonte: Pesquisa AMB, 2005.

Tabela 89
Concordância em relação aos poderes de investigação do Ministério Público, por tempo na magistratura (mais de 11 anos), em %

	11 a 20 anos				21 anos e mais			
	Favorável	Indiferente	Contrário	NR/S. op.	Favorável	Indiferente	Contrário	NR/S. op.
Poderes de investigação do MP	72,1	5,2	20,9	1,8	68,9	5,2	23,3	2,6

Fonte: Pesquisa AMB, 2005.

Tabela 90
Concordância em relação aos poderes de investigação do Ministério Público,* por região geográfica, em %

	Norte	Nordeste	Sudeste	Sul	Centro-Oeste
Poderes de investigação do MP	70,2	71,8	71,6	80,7	66,1

Fonte: Pesquisa AMB, 2005.
*Soma das respostas "totalmente favorável" e "favorável".

Tabela 91
Concordância em relação aos poderes de investigação do Ministério Público,* segundo os quartis de IDH, em %

	Baixo	Médio-baixo	Médio-alto	Alto
Poderes de investigação do MP	71,3	71,2	65,8	77,7

Fonte: Pesquisa AMB, 2005.
*Soma das respostas "totalmente favorável" e "favorável".

Prestação jurisdicional e formas alternativas de solução de conflitos

A extensa maioria (89,8%) dos entrevistados considera que o Poder Judiciário deve ter o monopólio da prestação jurisdicional (tabela 92). Em relação a esta questão, não há diferenças dignas de nota entre os magistrados quer quando separados por situação funcional (tabela 92), quer por gênero (tabela 93), quer por instância em que atuam (tabela 94), quer por tempo na magistratura (tabela 95), ou ainda por unidades incluídas nos quartis de IDH (tabela 97). Observam-se distinções, ainda que tênues, quando se desagrega o conjunto de entrevistados por região geográfica (tabela 96): a maior proporção de concordância está na Região Norte, alcançando 92,7% dos entrevistados e a menor no Centro-Oeste, com 88,6%.

Já a afirmação segundo a qual "todas as formas alternativas de solução de conflitos (juiz leigo, juiz de paz, juiz arbitral, comissão de conciliação prévia) devem estar subordinadas ao Poder Judiciário" não provoca o mesmo grau de concordância e de semelhança entre os vários grupos em que é possível se decompor o conjunto de entrevistados. A expressiva maioria de 79,6% concorda com a afirmação (tabela 92). Quando, no entanto, distinguem-se os magistrados por situação funcional (tabela 92), observa-se que o percentual de concordância é mais alto entre os aposentados do que entre os que se encontram em atividade (83% *versus* 78,3%, respectivamente).

Da mesma forma, há diferenças nas proporções relativas aos grupos formados a partir do tempo na magistratura (tabela 95): o percentual de concordância é significativamente mais alto entre os que atuam há 21 anos e mais (82,2%) e mais baixo entre os que estão na função jurisdicional entre 6 e 10 anos (76,2%).

As diferenças também se evidenciam nas regiões (tabela 96): a menor proporção está no Sudeste, com 74,9%, distinguindo-se nesta questão das demais.

Quanto aos grupos formados a partir do IDH (tabela 97), nota-se que é expressivamente mais alta a proporção de entrevistados que concorda com a afirmação no quartil mais baixo do que nos outros grupos, e que está no quartil médio-alto o menor percentual (85% e 77,5%, respectivamente).

Em contraste com essas diferenças, as distinções segundo o gênero (tabela 93) e a instância (tabela 94) registram semelhanças entre os entrevistados.

Tabela 92
Concordância em relação a temas, por situação funcional, em %

	Ativa	Aposentado	Total
O Poder Judiciário deve ter o monopólio da prestação jurisdicional	89,3	91,2	89,8
Todas as formas alternativas de solução de conflitos devem estar subordinadas ao Poder Judiciário	78,3	83,0	79,6

Fonte: Pesquisa AMB, 2005.

MAGISTRADOS: UMA IMAGEM EM MOVIMENTO

75

Tabela 93
Concordância em relação a temas, por gênero, em %

	Masculino	Feminino
O Poder Judiciário deve ter o monopólio da prestação jurisdicional	89,7	90,6
Todas as formas alternativas de solução de conflitos devem estar subordinadas ao Poder Judiciário	79,7	79,2

Fonte: Pesquisa AMB, 2005.

Tabela 94
Concordância em relação a temas, por grau da Justiça, em %

	1º grau	2º grau
O Poder Judiciário deve ter o monopólio da prestação jurisdicional	90,1	88,7
Todas as formas alternativas de solução de conflitos devem estar subordinadas ao Poder Judiciário	79,7	79,4

Fonte: Pesquisa AMB, 2005.

Tabela 95
Concordância em relação a temas, por tempo na magistratura, em %

	Até 5 anos	6 a 10 anos	11 a 20 anos	21 anos e mais
O Poder Judiciário deve ter o monopólio da prestação jurisdicional	91,3	90,9	88,2	90,2
Todas as formas alternativas de solução de conflitos devem estar subordinadas ao Poder Judiciário	79,9	76,2	79,0	82,2

Fonte: Pesquisa AMB, 2005.

Tabela 96
Concordância em relação a temas, por região geográfica, em %

	Norte	Nordeste	Sudeste	Sul	Centro-Oeste
O Poder Judiciário deve ter o monopólio da prestação jurisdicional	92,7	89,8	88,9	90,4	88,6
Todas as formas alternativas de solução de conflitos devem estar subordinadas ao Poder Judiciário	83,7	81,6	74,9	81,6	82,3

Fonte: Pesquisa AMB, 2005.

Tabela 97
Concordância em relação a temas, por quartis de IDH, em %

	Baixo	Médio-baixo	Médio-alto	Alto
O Poder Judiciário deve ter o monopólio da prestação jurisdicional	89,5	91,9	89,7	89,2
Todas as formas alternativas de solução de conflitos devem estar subordinadas ao Poder Judiciário	85,0	80,3	77,5	78,8

Fonte: Pesquisa AMB, 2005.

Decisões de acordo com súmulas de tribunais

A maioria dos entrevistados (65,6%) decide de acordo com súmulas de tribunais (tabela 98), sendo que 30% afirmaram que atuam desta forma com "muita freqüência" e 35,6% com "alguma freqüência". Apenas 5,1% responderam "nunca" ou "quase nunca".

Notam-se, no entanto, diferenças nos percentuais de respostas quando se distinguem os entrevistados por situação funcional (tabela 98). Com efeito, a proporção de magistrados que afirmaram decidir de acordo com súmulas de tribunais é expressivamente maior entre os que se encontram na ativa do que entre os aposentados (70,6% *versus* 50,5%, respectivamente, somando-se as respostas "muito freqüente" e "algo freqüente").

Encontram-se, igualmente, diferenças nos grupos constituídos a partir do gênero dos entrevistados (tabela 99). As mulheres apresentam um maior percentual de respostas "muito freqüente" e "algo freqüente" do que os homens (70,6% *versus* 64,1%).

As distinções entre os entrevistados também se evidenciam quando se distingue o conjunto por instância de atuação (tabela 100). No grupo formado pelos que exercem a função jurisdicional em tribunais é maior o percentual dos que responderam "muito freqüente" e "algo freqüente" do que nos que atuam em 1º grau (72,7% *versus* 63,3%).

O tempo na magistratura revela-se um critério importante capaz de indicar posições diferenciadas (tabela 101) no que diz respeito às decisões em relação às súmulas de tribunais. De fato, observa-se que quanto mais antigos menor é o percentual de respostas "muito freqüente" e "algo freqüente". Assim, passa de 74,2% entre os mais recentes na instituição para 70,8% entre os que estão em atividade entre seis e 10 anos; em seguida, para 66,4% entre os de 11 a 20 anos e, finalmente, para 57,5% entre os mais antigos.

A distinção por região geográfica indica expressivas diferenças (tabela 102). As maiores proporções de respostas "muito freqüente" e "algo freqüente" encontram-se na região Sudeste (70,1%) e a menor na Nordeste (59,7%).

No que concerne às agregações segundo o IDH (tabela 103), notam-se diferenças nos quatro grupos. Cresce o percentual de respostas "muito freqüente" e "algo freqüente" conforme se vai do IDH baixo para o médio-baixo, deste para o médio-alto e finalmente para o alto (56,9%, 63,8%, 64,3% e 69%, respectivamente).

Tabela 98
Freqüência de decisões de acordo com súmulas, por situação funcional, em %

	Ativa	Aposentado	Total
Muito freqüente	30,7	28,1	30,0
Algo freqüente	39,9	22,4	35,6
Pouco freqüente	22,8	17,2	21,5
Nunca ou quase nunca	5,1	5,2	5,1
NS/Sem opinião	1,4	27,1	7,8
Total	100,0	100,0	100,0

Fonte: Pesquisa AMB, 2005.

Tabela 99
Freqüência de decisões de acordo com súmulas, por gênero, em %

	Masculino	Feminino
Muito freqüente	31,1	26,0
Algo freqüente	33,0	44,6
Pouco freqüente	21,8	20,4
Nunca ou quase nunca	5,3	4,7
NS/Sem opinião	8,8	4,4
Total	100,0	100,0

Fonte: Pesquisa AMB, 2005.

Tabela 100
Freqüência de decisões de acordo com súmulas, por grau da Justiça, em %

	1º grau	2º grau
Muito freqüente	26,7	40,2
Algo freqüente	36,6	32,5
Pouco freqüente	23,4	15,5
Nunca ou quase nunca	5,7	3,4
NS/Sem opinião	7,6	8,4
Total	100,0	100,0

Fonte: Pesquisa AMB, 2005.

Tabela 101
Freqüência de decisões de acordo com súmulas, por tempo na magistratura, em %

	Até 5 anos	6 a 10 anos	11 a 20 anos	21 anos e mais
Muito freqüente	27,5	30,1	30,4	31,4
Algo freqüente	46,7	40,7	36,0	26,1
Pouco freqüente	21,4	22,0	24,1	17,8
Nunca ou quase nunca	3,3	5,6	5,3	5,4
NS/Sem opinião	1,1	1,6	4,1	19,3
Total	100,0	100,0	100,0	100,0

Fonte: Pesquisa AMB, 2005.

Tabela 102
Freqüência de decisão de acordo com súmulas, por região geográfica, em %

	Norte	Nordeste	Sudeste	Sul	Centro-Oeste
Muito freqüente	29,5	25,3	34,1	29,9	26,9
Algo freqüente	35,2	34,4	36,0	35,1	39,7
Pouco freqüente	24,1	26,8	18,4	19,9	22,1
Nunca ou quase nunca	6,1	7,3	3,2	5,3	5,2
NS/Sem opinião	5,0	6,3	8,3	9,8	6,2
Total	100,0	100,0	100,0	100,0	100,0

Fonte: Pesquisa AMB, 2005.

Tabela 103
Freqüência de decisão de acordo com súmulas, por quartis de IDH, em %

	Baixo	Médio-baixo	Médio-alto	Alto
Muito freqüente	26,2	25,5	28,0	33,2
Algo freqüente	30,7	38,3	36,3	35,8
Pouco freqüente	27,4	25,1	23,3	18,1
Nunca ou quase nunca	7,7	6,6	4,7	4,1
NS/Sem opinião	8,0	4,6	7,8	8,8
Total	100,0	100,0	100,0	100,0

Fonte: Pesquisa AMB, 2005.

Conselho Nacional de Justiça (CNJ)

Os entrevistados foram solicitados a emitir juízo sobre a atuação do recém-aprovado Conselho Nacional de Justiça e também que indicassem qual deveria ser sua atuação. A avaliação e o contraste entre a atuação e o modelo ideal estão apresentados nas tabelas a seguir (104 a 115).

A maioria dos magistrados avalia que o CNJ em sua atuação dará maior ênfase à função disciplinar do que à de planejamento (48,5% *versus* 12,4%) e 39% julgam que haverá um equilíbrio entre as duas funções (tabela 104).

O modelo considerado ideal praticamente inverteria esses percentuais (tabela 110). A função disciplinar foi apontada por apenas 6,4%, enquanto a ênfase no planejamento recebeu 35,6%. O equilíbrio entre as duas funções cresce para 58%.

Notam-se significativas diferenças entre as avaliações feitas pelos aposentados e pelos que se encontram na ativa (tabela 104). A proporção entre os que estão na ativa em relação à ênfase disciplinar é consideravelmente maior do que entre os aposentados (51,2% *versus* 40,8%). Por outro lado, é maior o percentual de aposentados que avalia que haverá um equilíbrio entre as duas funções (50,6% *versus* 34,9%).

O modelo percebido como ideal também é distinto para os dois grupos (tabela 110): a ênfase no planejamento é almejada por quase o dobro dos que se encontram na ativa (40,4% *versus* 22,1%) e a ênfase disciplinar, ainda que uma opção significativamente minoritária, reúne quase que três vezes mais entrevistados entre os aposentados (11,5% *versus* 4,6%). Os dois grupos assemelham-se, ainda que com proporções diferentes, no fato de que, em ambos os casos, a alternativa que recebe o maior número relativo de votos é a que prevê o equilíbrio entre as duas funções.

No que se refere ao gênero também há diferenças apreciáveis nos percentuais de respostas dos dois grupos (tabela 105). As mulheres avaliam em maior proporção do que os homens que a ênfase será dada à função disciplinar (57,5% *versus* 46,1%). Os homens, por sua vez, apresentam um maior percentual de respostas de que haverá um equilíbrio entre as duas funções (41,2% *versus* 31,2%).

O equilíbrio entre as duas funções (tabela 111) é percebido como ideal por ambos os gêneros. Mas, constitui-se em uma meta que deveria ser alcançada pelo CNJ por uma proporção maior de mulheres do que de homens (61,7% *versus* 56,9%). A ênfase no planejamento é quase idêntica nos dois grupos e a ênfase disciplinar, claramente minoritária, é considerada ideal por um grupo relativamente maior de homens do que de mulheres (7,4% *versus* 3.0%).

A distinção dos entrevistados por instância mostra expressivas diferenças (tabela 106). A ênfase na função disciplinar é percebida por um percentual maior entre os que atuam em 1º grau do que entre os que estão em tribunais (50,1% *versus* 43,7%). Por outro lado, é maior a proporção dos que acreditam que haverá um equilíbrio entre as duas funções nos magistrados que atuam em tribunais (44,1% *versus* 37,4%).

Não são muito distintos os modelos vistos como ideais pelos dois grupos (tabela 112). Saliente-se, apenas, a existência de uma maior proporção entre os que atuam em 1º grau do que entre os que se encontram em tribunais no que se refere à ênfase para a função de planejamento (37% *versus* 31,4%). A maioria nos dois grupos almeja um equilíbrio entre as duas funções.

O tempo na magistratura indica diferenças nas percepções do conjunto de entrevistados (tabela 107). Observa-se que, embora a ênfase na função disciplinar sempre reúna proporções expressivas, elas são consideravelmente variáveis nos grupos. Assim, alcança mais da metade (55,7%) entre os que estão na magistratura há menos tempo (até 10 anos) e diminui nos que estão entre 11 e 20 anos (48,1%) e reduz-se mais ainda nos grupos mais antigos (40,7%). Por outro lado, o equilíbrio entre as duas funções é percebido por quase a metade dos mais antigos (49,7%), reduzindo-se para 38,3% nos que estão na magistratura entre 11 e 20 anos e para menos de 30% nos grupos mais recentes.

Moldar-se pelo equilíbrio entre as duas funções traduziria o modelo ideal da maior parte dos entrevistados, independentemente do tempo na magistratura (tabela 113). Os percentuais relativos a cada um dos grupos, contudo, são significativamente distintos, podendo-se afirmar que crescem à medida que se passa dos grupos mais recentes para os mais antigos. Direção inversa é notada no que se refere à ênfase no planejamento: diminuem à medida que se vai do grupo mais recente para os mais antigos.

No que diz respeito às regiões (tabela 108), a ênfase na função disciplinar é percebida por um grupo significativamente maior entre os entrevistados que atuam na Região Norte (56,4%) e menor na Sudeste (44,7%).

O modelo percebido como ideal (tabela 114) — equilíbrio entre as duas funções — agrega um maior número de entrevistados nas regiões Norte e Nordeste e relativamente menor nas demais. Por outro lado, a ênfase no planejamento tem o apoio de 39,2% no Sul, caindo para 37,1% no Sudeste, para 36,7% no Centro-Oeste, para 32,8% no Norte e para 29,8% no Nordeste.

A distinção dos entrevistados de acordo com as unidades da Federação agrupadas por IDH (tabela 109) mostra que a percepção de que haverá ênfase na função disciplinar é significativa nos quatro grupos, sendo, entretanto, estatisticamente menor no quartil alto.

O CNJ deveria procurar um equilíbrio entre as duas funções (tabela 115), segundo o desejo da maioria. Esse modelo ideal, contudo, tem maior apoio no grupo que atua nos estados incluídos no IDH baixo (62,7%), caindo conforme se passa para os quartis de melhor qualidade de vida. Assim, este percentual é de 60,1% no médio-baixo; de 59,7% no médio-alto e de 55,3% no alto. Inversamente, a ênfase no planejamento cresce quando se passa do quartil baixo (28,1%) para o médio-baixo (32,9%), deste para o médio-alto (33,8%) e para o alto (39,2%).

Tabela 104
Ênfase na atuação do CNJ, por situação funcional, em %

	Ativa	Aposentado	Total
Ênfase no planejamento	13,8	8,5	12,4
Ênfase disciplinar	51,2	40,8	48,5
Equilíbrio entre as duas funções	34,9	50,6	39,0
Total	100,0	100,0	100,0

Fonte: Pesquisa AMB, 2005.

Tabela 105
Ênfase na atuação do CNJ, por gênero, em %

	Masculino	Feminino
Ênfase no planejamento	12,7	11,3
Ênfase disciplinar	46,1	57,5
Equilíbrio entre as duas funções	41,2	31,2
Total	100,0	100,0

Fonte: Pesquisa AMB, 2005.

Tabela 106
Ênfase na atuação do CNJ, por instância, em %

	1º grau	2º grau
Ênfase no planejamento	12,5	12,3
Ênfase disciplinar	50,1	43,7
Equilíbrio entre as duas funções	37,4	44,1
Total	100,0	100,0

Fonte: Pesquisa AMB, 2005.

Tabela 107
Ênfase na atuação do CNJ, por tempo de magistratura, em %

	Até 5 anos	6 a 10 anos	11 a 20 anos	21 anos e mais
Ênfase no planejamento	15,9	12,7	13,5	9,5
Ênfase disciplinar	55,7	57,5	48,1	40,7
Equilíbrio entre as duas funções	28,4	29,8	38,3	49,7
Total	100,0	100,0	100,0	100,0

Fonte: Pesquisa AMB, 2005.

Tabela 108
Ênfase na atuação do CNJ, por região geográfica, em %

	Norte	Nordeste	Sudeste	Sul	Centro-Oeste
Ênfase no planejamento	7,8	10,6	13,1	14,7	11,6
Ênfase disciplinar	56,4	50,2	44,7	48,5	52,2
Equilíbrio entre as duas funções	35,8	39,2	42,2	36,8	36,2
Total	100,0	100,0	100,0	100,0	100,0

Fonte: Pesquisa AMB, 2005.

Tabela 109
Ênfase na atuação do CNJ, por quartis de IDH, em %

	Baixo	Médio-baixo	Médio-alto	Alto
Ênfase no planejamento	7,9	11,6	10,7	14,5
Ênfase disciplinar	52,2	51,2	51,1	45,9
Equilíbrio entre as duas funções	39,9	37,3	38,2	39,6
Total	100,0	100,0	100,0	100,0

Fonte: Pesquisa AMB, 2005.

Tabela 110
Ênfase na atuação ideal do CNJ, por situação funcional, em %

	Ativa	Aposentado	Total
Ênfase no planejamento	40,4	22,1	35,6
Ênfase disciplinar	4,6	11,5	6,4
Equilíbrio entre as duas funções	55,0	66,4	58,0
Total	100,0	100,0	100,0

Fonte: Pesquisa AMB, 2005.

Tabela 111
Ênfase na atuação ideal do CNJ, por gênero, em %

	Masculino	Feminino
Ênfase no planejamento	35,7	35,3
Ênfase disciplinar	7,4	3,0
Equilíbrio entre as duas funções	56,9	61,7
Total	100,0	100,0

Fonte: Pesquisa AMB, 2005.

Tabela 112
Ênfase na atuação ideal do CNJ, por grau da Justiça, em %

	1º grau	2º grau
Ênfase no planejamento	37,0	31,4
Ênfase disciplinar	5,7	8,5
Equilíbrio entre as duas funções	57,3	60,1
Total	100,0	100,0

Fonte: Pesquisa AMB, 2005.

Tabela 113
Ênfase na atuação ideal do CNJ, por tempo na magistratura, em %

	Até 5 anos	6 a 10 anos	11 a 20 anos	21 anos e mais
Ênfase no planejamento	47,5	42,8	37,1	24,9
Ênfase disciplinar	1,8	3,5	5,5	11,0
Equilíbrio entre as duas funções	50,7	53,7	57,4	64,1
Total	100,0	100,0	100,0	100,0

Fonte: Pesquisa AMB, 2005.

Tabela 114
Ênfase na atuação ideal do CNJ, por região geográfica, em %

	Norte	Nordeste	Sudeste	Sul	Centro-Oeste
Ênfase no planejamento	32,8	29,8	37,1	39,2	36,7
Ênfase disciplinar	5,7	8,4	6,1	5,7	5,7
Equilíbrio entre as duas funções	61,5	61,8	56,8	55,1	57,6
Total	100,0	100,0	100,0	100,0	100,0

Fonte: Pesquisa AMB, 2005.

Tabela 115
Ênfase na atuação ideal do CNJ, por quartis de IDH, em %

	Baixo	Médio-baixo	Médio-alto	Alto
Ênfase no planejamento	28,1	32,9	33,8	39,2
Ênfase disciplinar	9,2	7,0	6,5	5,5
Equilíbrio entre as duas funções	62,7	60,1	59,7	55,3
Total	100,0	100,0	100,0	100,0

Fonte: Pesquisa AMB, 2005.

Opiniões sobre advogados e a Ordem dos Advogados do Brasil (OAB)

A maioria dos entrevistados considera "regular" a atuação dos advogados no âmbito processual tanto em relação à celeridade processual, quanto ao conhecimento técnico e à ética. A área que recebe o maior percentual de nota "ruim" é a ética (34,8% do total de entrevistados); em seguida, o conhecimento técnico (33,9%) e, por fim, a celeridade processual (30,9%).

Esses aspectos são avaliados de forma significativamente distinta por aposentados e pelos entrevistados que estão na ativa (tabela 116). Em geral, os aposentados têm uma percepção mais positiva da atuação dos advogados. Os percentuais referentes às notas "muito bom e bom" chegam praticamente a dobrar entre os aposentados. Assim, enquanto 31,2% dos aposentados avaliam como "muito boa" e "boa" a celeridade processual, estes percentuais reduzem-se para 17,2% entre os que estão na ativa. Inversamente, as proporções de avaliação "ruim" são sempre maiores entre os da ativa. O tamanho do grupo que confere nota "ruim" para o conhecimento técnico nos que estão na ativa alcança 38,1%, caindo para 21,9% entre os aposentados. O aspecto relacionado à ética atinge 37,2% de nota "ruim" entre os da ativa e diminui para 28,1% nos aposentados. Saliente-se, contudo, que nos dois grupos a maior parte avalia como "regular" a atuação de advogados em relação aos três aspectos.

No que diz respeito ao gênero (tabela 117), homens e mulheres são semelhantes nos percentuais de notas "muito bom" e "bom". São, no entanto, distintas as proporções relativas às avaliações "regular" e "ruim". O grupo feminino que avalia como "ruim" o conhecimento técnico é significativamente maior do que o masculino (40,6% *versus* 31,9%). O mesmo pode ser dito em relação à ética (38,2% entre as mulheres e 33,9% entre os homens).

A separação dos entrevistados por instância de atuação (tabela 118) revela que os dois grupos são muito semelhantes nas proporções de notas "regulares". As

MAGISTRADOS: UMA IMAGEM EM MOVIMENTO 85

diferenças aparecem, sobretudo, nos percentuais de "muito bom" e "bom" e de "ruim". Os magistrados que atuam em 1º grau são significativamente mais críticos, em particular no que se refere ao conhecimento técnico e à ética. Nos dois casos a diferença entre os dois grupos chega a ser de 10 pontos percentuais na proporção de notas "ruim".

O tempo na magistratura (tabelas 119 e 120) evidencia que é significativamente maior o percentual de notas favoráveis no grupo mais antigo do que nos outros três, em relação aos três aspectos em análise.

No que se refere à distribuição dos entrevistados por região geográfica (tabela 121), nota-se que os que atuam no Nordeste conferem notas positivas em proporção um pouco mais alta do que os demais em relação à celeridade processual e ao conhecimento técnico. Já no que tange à ética, o maior grupo está no Sul. Em quaisquer dos casos, saliente-se, esses percentuais de notas "muito bom" e "bom" não ultrapassam 25%, sendo consideravelmente mais baixos no que diz respeito à ética.

A distribuição dos entrevistados por estados de acordo com o IDH (tabela 122) mostra que, em relação à celeridade processual e ao conhecimento técnico, as maiores proporções de avaliações positivas estão nos quartis baixo e médio-baixo. Já quanto à ética, o maior grupo está no quartil alto.

No geral, os entrevistados avaliam a OAB de uma forma mais favorável do que a proferida em relação aos advogados (tabela 123). Os aspectos reconhecidos como merecedores das notas mais positivas são: em primeiro lugar a relação com a magistratura, que recebe quase a metade de avaliações "muito bom" e "bom" (46,9%); em seguida, vem a atuação em defesa dos direitos individuais e sociais, com 35,6% de "muito bom" e "bom". Em contraste, a fiscalização da atividade profissional dos advogados é percebida como "ruim" por mais da metade dos entrevistados (59,3%). São também altos os percentuais de notas negativas conferidas para a atuação da OAB no que se refere ao aprimoramento profissional dos advogados (46,8% de notas "ruim") e ao desempenho durante a tramitação da reforma do Judiciário (40,5% de notas "ruim").

Os entrevistados aposentados (tabela 124) têm uma percepção significativamente mais positiva da atuação da OAB do que a expressa pelos que estão no exercício da função jurisdicional. As proporções de notas positivas são muito maiores entre os aposentados em todas as áreas em exame. As divergências entre os dois grupos são expressivas, manifestando-se igualmente nas diferenças nos percentuais de notas "ruim". Entre os que estão na ativa, por exemplo, a fiscalização da atividade profissional dos advogados recebe 65,8% de avaliação negativa, enquanto cai para 41,2% entre os aposentados. Sublinhe-se, contudo, que, apesar das diferenças nos percentuais de notas positivas e negativas, as classificações relativas às melhores e às piores áreas de atuação da OAB são semelhantes. A maior discrepância entre os dois grupos refere-se à percepção do compromisso com a independência do Judiciário — avaliada de forma tendente para negativa entre os da ativa e tendente para positiva entre os aposentados.

A distinção dos entrevistados por gênero (tabela 125) indica que, em geral, as mulheres têm uma visão mais crítica da atuação da OAB do que os homens. Estas diferenças aparecem no que se refere aos seguintes aspectos: aprimoramento profissional dos advogados (52% de notas "ruim" entre as mulheres e 45,3% entre os homens); fiscalização da atividade profissional dos advogados (65,2% de notas "ruim" entre as mulheres e 57,7% entre os homens); defesa dos direitos individuais e sociais (24,6% de notas "ruim" entre as mulheres e 18,1% entre os homens). Inversamente, o compromisso com a independência do Judiciário recebe 33,5% de avaliações "muito bom" e "bom" entre os homens e apenas 24,9% entre as mulheres.

Os entrevistados que atuam em tribunais tendem a avaliar a atuação da OAB de forma mais positiva do que os que atuam em 1º grau (tabela 126). As principais diferenças aparecem nos percentuais de notas atribuídos às seguintes áreas: compromisso com a independência do Judiciário (39,9% de notas "muito bom" e "bom" entre os de 2º grau e 28,9% entre os de 1º); defesa dos direitos individuais e sociais (44,1% de notas "muito bom" e "bom" entre os de 2º grau e 32,9% entre os de 1º); aprimoramento profissional dos advogados (49,2% de notas "ruim" entre os de 1º grau e 39,5% entre os de 2º); fiscalização da atividade profissional dos advogados (62,9% de notas "ruim" entre os de 1º grau e 48,6% entre os de 2º).

Os grupos formados segundo o tempo na magistratura são diferentes em alguns aspectos (tabelas 127 e 128). Em todas as questões, o grupo mais antigo faz avaliações significativamente mais positivas. Os entrevistados que estão na magistratura há até cinco anos são mais críticos do que os demais em relação à fiscalização da atividade profissional dos advogados e à defesa dos direitos individuais e sociais. O desempenho da OAB durante a tramitação da reforma do Judiciário é visto de forma mais negativa pelo grupo que atua entre seis e 10 anos. A defesa dos direitos individuais e sociais é mais bem avaliada conforme se passa do grupo mais recente para o grupo até 10 anos, deste para o com até 20 anos e, por fim, para o que possui 21 anos e mais de magistratura.

A distinção dos entrevistados por região geográfica (tabela 129) sugere algumas diferenças. No que diz respeito à relação com a magistratura e ao compromisso com a celeridade processual, os maiores percentuais de avaliações positivas estão na Região Nordeste e os mais baixos no Sul. O compromisso com a independência do Judiciário é comparativamente mais bem avaliado no Sudeste do que nas demais regiões. O desempenho durante a tramitação da reforma do Judiciário tem seus percentuais mais baixos de aprovação na Região Centro-Oeste. O aprimoramento dos advogados é mais mal avaliado entre os entrevistados que atuam no Norte. Na Região Sudeste encontram-se as maiores proporções de magistrados que consideram "muito boa" e "boa" a atuação da OAB no que se refere à fiscalização da atividade profissional dos advogados e à defesa dos direitos individuais e sociais.

Os grupos de entrevistados formados a partir dos quartis de IDH (tabela 130) mostram que se encontram no quartil baixo as opiniões mais favoráveis à atuação da OAB. No tocante à relação com a magistratura, os percentuais de avaliações positivas caem à medida que se passa do quartil baixo para o médio-baixo, deste para o médio-alto e depois para o quartil alto. A mesma tendência observa-se no que se refere ao aprimoramento profissional dos advogados. O compromisso com a independência do Judiciário é comparativamente mais bem avaliado entre os entrevistados que se encontram nos estados incluídos no quartil alto.

Tabela 116
Avaliação da atuação de advogados no âmbito processual, por situação funcional, em %

	Ativa				Aposentado			
	Muito boa/Boa	Regular	Ruim	NR/S. op.	Muito boa/Boa	Regular	Ruim	NR/S. op.
Celeridade processual	17,2	47,2	34,2	1,3	31,2	39,4	21,4	8,0
Conhecimento técnico	9,9	51,0	38,1	1,0	19,3	51,6	21,9	7,1
Ética	14,7	46,7	37,2	1,4	20,4	43,5	28,1	8,0

Fonte: Pesquisa AMB, 2005.

Tabela 117
Avaliação da atuação de advogados no âmbito processual, por gênero, em %

	Masculino				Feminino			
	Muito boa/Boa	Regular	Ruim	NR/S. op.	Muito boa/Boa	Regular	Ruim	NR/S. op.
Celeridade processual	21,3	43,7	31,6	3,5	19,5	50,1	28,8	1,6
Conhecimento técnico	12,4	52,6	31,9	3,1	12,2	46,2	40,6	1,0
Ética	16,3	46,2	33,9	3,6	15,9	44,3	38,2	1,6

Fonte: Pesquisa AMB, 2005.

Tabela 118
Avaliação da atuação de advogados no âmbito processual, por grau da Justiça, em %

	1º grau				2º grau			
	Muito boa/Boa	Regular	Ruim	NR/S. op.	Muito boa/Boa	Regular	Ruim	NR/S. op.
Celeridade processual	20,4	46,0	31,2	2,4	22,5	42,5	30,0	5,1
Conhecimento técnico	10,7	50,9	36,3	2,1	17,5	51,8	26,5	4,3
Ética	14,4	45,6	37,3	2,7	21,7	46,6	27,2	4,5

Fonte: Pesquisa AMB, 2005.

Tabela 119
Avaliação da atuação de advogados no âmbito processual, por tempo na magistratura, até 10 anos, em %

	Até 5 anos				6 a 10 anos			
	Muito boa/Boa	Regular	Ruim	NR/S. op.	Muito boa/Boa	Regular	Ruim	NR/S. op.
Celeridade processual	20,0	47,1	30,7	2,2	16,1	50,2	32,8	0,9
Conhecimento técnico	7,3	46,4	44,4	1,8	9,0	47,2	42,6	1,1
Ética	12,7	45,1	40,0	2,2	14,2	45,2	39,1	1,5

Fonte: Pesquisa AMB, 2005.

Tabela 120
Avaliação da atuação de advogados no âmbito processual, por tempo na magistratura, mais de 11 anos, em %

	11 a 20 anos				21 anos e mais			
	Muito boa/Boa	Regular	Ruim	NR.S. op.	Muito boa/Boa	Regular	Ruim	NR/S. op.
Celeridade processual	18,6	45,6	34,5	1,3	26,9	40,9	25,5	6,8
Conhecimento técnico	11,4	51,9	35,9	0,8	17,9	54,7	21,5	5,9
Ética	14,7	45,2	38,4	1,7	20,3	47,8	25,9	6,0

Fonte: Pesquisa AMB, 2005.

Tabela 121
Avaliação positiva* da atuação de advogados no âmbito processual, por região geográfica, em %

	Norte	Nordeste	Sudeste	Sul	Centro-Oeste
Celeridade processual	22,4	24,3	18,1	20,3	23,5
Conhecimento técnico	12,5	14,9	10,1	13,7	11,0
Ética	12,9	14,9	16,0	19,2	14,1

Fonte: Pesquisa AMB, 2005.
*Soma dos percentuais "muito boa" e "boa".

MAGISTRADOS: UMA IMAGEM EM MOVIMENTO

Tabela 122
Avaliação positiva* da atuação de advogados no âmbito processual, por quartis de IDH, em %

	Baixo	Médio-baixo	Médio-alto	Alto
Celeridade processual	24,8	23,6	19,1	19,9
Conhecimento técnico	15,6	13,9	10,1	12,1
Ética	15,6	13,0	13,1	18,6

Fonte: Pesquisa AMB, 2005.
*Soma dos percentuais "muito boa" e "boa".

Tabela 123
Avaliação da atuação da OAB, em %

	Muito boa/Boa	Regular	Ruim	NR/S. op.
Relação com a magistratura	46,9	37,5	13,1	2,5
Compromisso com a celeridade processual	23,8	41,1	31,7	3,4
Compromisso com a independência do Judiciário	31,6	33,3	31,8	3,3
Desempenho durante a tramitação da reforma do Judiciário	16,5	33,0	40,5	10,0
Aprimoramento profissional dos advogados	12,4	33,2	46,8	7,6
Fiscalização da atividade profissional dos advogados	10,8	25,0	59,3	4,9
Defesa dos direitos individuais e sociais	35,6	39,4	19,6	5,4

Fonte: Pesquisa AMB, 2005.

Tabela 124
Avaliação da atuação da OAB, por situação funcional, em %

	Ativa				Aposentado			
	Muito boa/Boa	Regular	Ruim	NR/S. op.	Muito boa/Boa	Regular	Ruim	NR/S. op.
Relação com a magistratura	44,4	39,3	14,8	1,6	53,9	32,6	8,3	5,1
Compromisso com a celeridade processual	20,6	42,6	34,6	2,2	33,0	37,1	23,3	6,6
Compromisso com a independência do Judiciário	26,8	34,5	36,2	2,5	45,5	29,7	19,2	5,6
Desempenho durante a tramitação da reforma do Judiciário	13,5	32,2	45,1	9,2	25,0	35,4	27,3	12,3
Aprimoramento profissional dos advogados	9,3	31,6	52,3	6,9	21,4	37,6	31,3	9,7
Fiscalização da atividade profissional dos advogados	6,9	23,4	65,8	3,9	21,9	29,3	41,2	7,6
Defesa dos direitos individuais e sociais	32,8	41,3	21,5	4,4	43,6	34,2	14,1	8,1

Fonte: Pesquisa AMB, 2005.

Tabela 125
Avaliação da atuação da OAB, por gênero, em %

	Masculino				Feminino			
	Muito boa/Boa	Regular	Ruim	NR/S. op.	Muito boa/Boa	Regular	Ruim	NR/S. op.
Relação com a magistratura	47,6	36,0	13,7	2,7	44,3	42,7	11,0	2,0
Compromisso com a celeridade processual	24,8	40,1	31,5	3,6	20,3	45,3	32,1	2,3
Compromisso com a independência do Judiciário	33,5	32,0	31,1	3,4	24,9	37,7	34,2	3,2
Desempenho durante a tramitação da reforma do Judiciário	16,5	32,7	41,0	9,8	16,0	34,2	39,3	10,5
Aprimoramento profissional dos advogados	12,9	34,0	45,3	7,8	10,7	30,7	52,0	6,6
Fiscalização da atividade profissional dos advogados	11,3	25,7	57,7	5,2	8,6	22,6	65,2	3,6
Defesa dos direitos individuais e sociais	37,1	39,1	18,1	5,7	30,7	40,5	24,6	4,2

Fonte: Pesquisa AMB, 2005.

Tabela 126
Avaliação da atuação da OAB, por grau da Justiça, em %

	1º grau				2º grau			
	Muito boa/Boa	Regular	Ruim	NR/S. op.	Muito boa/Boa	Regular	Ruim	NR/S. op.
Relação com a magistratura	46,3	38,6	12,9	2,2	48,6	34,2	13,6	3,6
Compromisso com a celeridade processual	23,0	42,2	31,6	3,2	26,2	38,0	31,9	3,9
Compromisso com a independência do Judiciário	28,9	35,2	32,7	3,2	39,9	27,4	29,1	3,6
Desempenho durante a tramitação da reforma do Judiciário	15,6	33,5	41,0	9,9	19,1	31,8	39,0	10,1
Aprimoramento profissional dos advogados	11,0	32,8	49,2	7,0	16,8	34,4	39,5	9,3
Fiscalização da atividade profissional dos advogados	8,9	23,6	62,9	4,5	16,4	28,9	48,6	6,1
Defesa dos direitos individuais e sociais	32,9	41,3	21,0	4,9	44,1	33,7	15,4	6,8

Fonte: Pesquisa AMB, 2005.

Tabela 127
Avaliação da atuação da OAB, por tempo na magistratura, até 10 anos, em %

	Até 5 anos				6 a 10 anos			
	Boa	Regular	Ruim	NR/S. op.	Boa	Regular	Ruim	NR/S. op.
Relação com a magistratura	44,4	38,9	14,7	2,0	42,4	40,0	16,0	1,7
Compromisso com a celeridade processual	22,9	42,7	31,1	3,3	19,7	44,0	34,3	2,0
Compromisso com a independência do Judiciário	24,4	35,1	36,0	4,4	23,4	35,2	38,9	2,6
Desempenho durante a tramitação da reforma do Judiciário	12,0	32,2	41,8	14,0	12,3	29,1	49,2	9,4
Aprimoramento profissional dos advogados	6,2	30,0	55,6	8,2	6,8	29,1	57,3	6,8
Fiscalização da atividade profissional dos advogados	2,9	17,6	74,9	4,7	5,2	21,0	69,8	4,1
Defesa dos direitos individuais e sociais	26,7	41,1	27,1	5,1	30,8	43,8	22,3	3,1

Fonte: Pesquisa AMB, 2005.

Tabela 128
Avaliação da atuação da OAB, por tempo na magistratura, mais de 10 anos, em %

	11 a 20 anos				21 anos ou mais			
	Boa	Regular	Ruim	NR/S. op.	Boa	Regular	Ruim	NR/S. op.
Relação com a magistratura	46,4	39,3	12,9	1,4	50,7	33,5	11,3	4,5
Compromisso com a celeridade processual	21,9	40,5	35,6	2,0	29,0	39,8	25,9	5,2
Compromisso com a independência do Judiciário	30,0	34,5	33,6	1,9	41,4	30,6	23,4	4,6
Desempenho durante a tramitação da reforma do Judiciário	14,8	35,4	42,0	7,8	22,8	32,7	33,8	10,7
Aprimoramento profissional dos advogados	11,5	33,7	49,6	5,3	19,8	36,5	33,7	10,1
Fiscalização da atividade profissional dos advogados	9,9	25,0	62,0	3,1	18,5	31,0	43,4	7,1
Defesa dos direitos individuais e sociais	35,7	40,1	19,9	4,3	42,1	35,9	14,2	7,7

Fonte: Pesquisa AMB, 2005.

Tabela 129
Avaliação positiva* da atuação da OAB, por região geográfica, em %

	Norte	Nordeste	Sudeste	Sul	Centro-Oeste
Relação com a magistratura	48,2	52,4	47,5	41,0	46,1
Compromisso com a celeridade processual	23,7	29,0	22,1	21,5	24,6
Compromisso com a independência do Judiciário	28,4	30,6	34,4	30,9	28,3
Desempenho durante a tramitação da reforma do Judiciário	17,1	18,0	17,3	15,5	13,0
Aprimoramento profissional dos advogados	9,7	13,3	13,5	11,0	12,6
Fiscalização da atividade profissional dos advogados	8,6	9,7	12,7	9,8	11,6
Defesa dos direitos individuais e sociais	30,7	33,4	38,5	35,0	35,5

Fonte: Pesquisa AMB, 2005.
*Soma dos percentuais "muito boa" e "boa".

Tabela 130
Avaliação positiva* da atuação da OAB, por quartis de IDH, em %

	Baixo	Médio-baixo	Médio-alto	Alto
Relação com a magistratura	54,1	49,3	48,2	43,5
Compromisso com a celeridade processual	30,0	26,3	21,1	22,6
Compromisso com a independência do Judiciário	31,4	28,4	29,8	33,3
Desempenho durante a tramitação da reforma do Judiciário	21,0	16,1	14,4	16,4
Aprimoramento profissional dos advogados	15,1	10,6	10,4	13,1
Fiscalização da atividade profissional dos advogados	11,9	8,1	9,8	11,8
Defesa dos direitos individuais e sociais	35,1	31,5	35,5	36,9

Fonte: Pesquisa AMB, 2005.
*Soma dos percentuais "muito boa" e "boa".

Avaliação do governo Lula

Além de questões relacionadas diretamente ao sistema de justiça, os entrevistados também se pronunciaram sobre temas relacionados ao governo atual.

A maior parte dos entrevistados tem uma avaliação negativa do governo Lula (tabela 131). Os aspectos considerados mais críticos são: a Secretaria de Reforma do Judiciário, a agenda de reformas, a política social e a relação com o Poder Judiciário. A relação com o STF é o aspecto visto como mais positivo, tendo recebido 38,1% de avaliações "muito bom" e "bom" dos magistrados.

Os aposentados apresentaram, sobre alguns temas, uma percepção menos favorável ao governo Lula do que os que se encontram na ativa (tabela 132). Assim, é estatisticamente maior a proporção de notas "ruim" entre os aposentados no que se refere à relação com o STF (30,1% *versus* 23,2%), à política econômica (41,8% *versus* 36,2%), à agenda de reformas (65,1% *versus* 60,2%). Por outro lado, revela-se mais positiva a avaliação dos que se encontram na ativa em dois aspectos: na relação com o STF (40,3% de notas "muito bom" e "bom" *versus* 32,2% entre os aposentados); ações afirmativas baseadas em sistema de cotas (10,5% de notas "muito bom" e "bom" *versus* 4,5% entre os aposentados).

São muito semelhantes as avaliações proferidas pelos entrevistados quando distinguidos por gênero (tabela 133). As mulheres possuem uma percepção mais negativa do que os homens no que se refere a dois aspectos: relação com o Poder Judiciário (63,5% de notas "ruim" *versus* 58,7% entre os homens) e política econômica (19% de notas "muito bom" e "bom" *versus* 26,2% entre os homens).

A separação dos entrevistados por instância (tabela 134) de atuação mostra que as avaliações sobre o governo Lula não são significativamente diferentes nos dois grupos. Em nenhum dos aspectos em exame as proporções de notas, tanto positivas quanto negativas, distam mais do que cinco pontos percentuais.

Os grupos formados a partir do tempo na magistratura (tabelas 135 e 136) diferem em algumas avaliações. Em geral, o grupo com até cinco anos de magistratura tende a ser menos crítico em relação ao governo Lula. Portanto, estão nesse grupo os maiores percentuais de notas "muito bom" e "bom" no tocante à política econômica, à agenda de reformas e à relação com o Congresso. Inversamente, também se encontra nesse grupo a menor proporção de nota "ruim" para a política social e para a agenda de reformas. É expressivo o percentual entre os que estão na magistratura há 21 anos e mais que não responderam ou não emitiram opinião sobre ações afirmativas baseadas em sistema de cotas (31%).

A desagregação dos entrevistados por região geográfica (tabela 137) evidencia que as maiores proporções de notas positivas estão na Região Nordeste. A relação com o STF, por exemplo, obtém nessa região 42,3% de avaliação positiva; 40,8% no Sul; 37,7% no Norte; 35,7% no Centro-Oeste; 33,9% no Sudeste.

No que se refere aos grupos constituídos a partir do IDH (tabela 138), observa-se uma relativa semelhança entre, de um lado, os dos quartis baixo e médio-baixo e, de outro, os de quartis médio-alto e alto. São mais altas as proporções de notas positivas no primeiro caso do que no segundo no que diz respeito à relação com o STF, à política econômica, à agenda de reformas e às ações afirmativas baseadas em sistema de cotas.

Tabela 131
Avaliação do governo Lula, em %

	Bom	Regular	Ruim	NR/S. op.	Total
Relação com o STF	38,1	31,3	25,1	5,5	100,0
Relação com o Poder Judiciário	9,6	28,1	59,8	2,5	100,0
Política econômica	24,5	35,5	37,7	2,3	100,0
Política social	8,1	29,6	60,2	2,2	100,0
Agenda de reformas	5,6	27,8	61,5	5,1	100,0
Secretaria de Reforma do Judiciário	4,2	23,2	62,9	9,7	100,0
Relação com o Congresso Nacional	12,7	40,2	42,7	4,4	100,0
Ações afirmativas baseadas em sistema de cotas	8,9	20,8	47,2	23,1	100,0

Fonte: Pesquisa AMB, 2005.

Tabela 132
Avaliação do governo Lula, por situação funcional, em %

	Ativa				Aposentado			
	Muito bom/Bom	Regular	Ruim	NR/S. op.	Muito bom/Bom	Regular	Ruim	NR/S. op.
Relação com o STF	40,3	31,4	23,2	5,1	32,2	31,3	30,1	6,4
Relação com o Poder Judiciário	9,1	27,3	61,6	2,0	11,0	30,2	54,7	4,1
Política econômica	24,6	37,5	36,2	1,8	24,3	30,2	41,8	3,7
Política social	7,8	30,1	60,5	1,7	8,9	28,2	59,4	3,4
Agenda de reformas	6,2	29,1	60,2	4,5	3,9	24,3	65,1	6,8
Secretaria de Reforma do Judiciário	4,7	23,4	63,5	8,5	2,9	22,8	61,3	13,1
Relação com o Congresso Nacional	12,7	41,0	42,8	3,5	12,5	38,1	42,5	6,9
Ações afirmativas baseadas em cotas	10,5	22,7	48,5	18,3	4,5	15,7	43,7	36,1

Fonte: Pesquisa AMB, 2005.

Tabela 133
Avaliação do governo Lula, por gênero, em %

	Masculino				Feminino			
	Muito bom/Bom	Regular	Ruim	NR/S. op.	Muito bom/Bom	Regular	Ruim	NR/S. op.
Relação com o STF	38,7	30,9	25,3	5,1	35,6	32,8	24,6	7,0
Relação com o Poder Judiciário	10,4	28,5	58,7	2,4	6,9	26,7	63,5	2,9
Política econômica	26,2	34,9	36,7	2,2	19,0	37,2	41,3	2,5
Política social	8,3	29,8	59,7	2,1	6,9	29,3	61,5	2,2
Agenda de reformas	5,5	28,4	61,3	4,8	6,1	26,1	61,8	6,0
Secretaria de Reforma do Judiciário	4,4	23,4	62,8	9,3	3,5	22,4	63,1	11,1
Relação com o Congresso Nacional	13,1	40,2	42,4	4,2	11,3	40,6	43,3	4,9
Ações afirmativas baseadas em cotas	9,2	20,4	47,2	23,1	7,8	21,7	47,4	23,1

Fonte: Pesquisa AMB, 2005.

Tabela 134
Avaliação do governo Lula, por grau da Justiça, em %

	1º grau				2º grau			
	Muito bom/Bom	Regular	Ruim	NR/S. op.	Muito bom/Bom	Regular	Ruim	NR/S. op.
Relação com o STF	37,2	31,4	25,9	5,6	40,7	31,3	23,0	5,0
Relação com o Poder Judiciário	9,0	27,9	60,5	2,5	11,4	28,4	57,6	2,6
Política econômica	23,7	36,9	37,4	2,1	26,9	31,4	38,6	3,1
Política social	7,8	31,0	59,1	2,1	8,8	25,2	63,4	2,6
Agenda de reformas	5,6	28,6	61,0	4,9	5,7	25,2	63,1	5,9
Secretaria de Reforma do Judiciário	3,9	23,5	62,8	9,9	5,1	22,4	63,1	9,4
Relação com o Congresso Nacional	12,3	41,1	42,5	4,1	13,9	37,5	43,3	5,3
Ações afirmativas baseadas em cotas	9,8	20,8	46,4	22,9	6,1	20,7	49,5	23,8

Fonte: Pesquisa AMB, 2005.

Tabela 135
Avaliação do governo Lula, por tempo na magistratura, até 10 anos, em %

	Até 5 anos				6 a 10 anos			
	Muito bom/Bom	Regular	Ruim	NR/S. op.	Muito bom/Bom	Regular	Ruim	NR/S. op.
Relação com o STF	39,6	31,4	24,6	4,4	36,8	32,3	27,3	3,6
Relação com o Poder Judiciário	8,5	23,4	66,1	2,0	8,1	26,9	63,0	2,0
Política econômica	27,8	40,3	29,8	2,2	23,5	42,5	32,9	1,1
Política social	8,3	35,2	53,8	2,6	6,3	30,0	62,5	1,3
Agenda de reformas	9,2	32,4	51,9	6,6	4,8	27,5	64,1	3,6
Secretaria de Reforma do Judiciário	4,8	24,3	60,2	10,7	3,2	22,8	64,5	9,5
Relação com o Congresso Nacional	15,3	37,9	43,8	3,1	10,8	42,4	44,7	2,2
Ações afirmativas baseadas em cotas	12,3	20,4	49,0	18,4	10,2	23,7	47,8	18,3

Fonte: Pesquisa AMB, 2005.

Tabela 136
Avaliação do governo Lula, por tempo na magistratura, mais de 20 anos, em %

	11 a 20 anos				21 anos e mais			
	Muito bom/Bom	Regular	Ruim	NR/S. op.	Muito bom/Bom	Regular	Ruim	NR/S. op.
Relação com o STF	40,4	30,7	23,5	5,3	35,4	31,0	26,7	7,0
Relação com o Poder Judiciário	10,1	29,6	58,7	1,7	10,2	28,5	57,4	3,9
Política econômica	22,9	34,2	41,2	1,7	24,7	30,9	40,9	3,5
Política social	8,2	28,0	62,2	1,6	8,2	29,0	59,8	3,0
Agenda de reformas	4,9	28,1	63,3	3,8	5,2	24,9	63,1	6,8
Secretaria de Reforma do Judiciário	5,2	23,0	64,6	7,2	3,4	22,3	62,1	12,2
Relação com o Congresso Nacional	11,9	39,6	44,5	3,9	13,4	40,6	39,6	6,5
Ações afirmativas baseadas em cotas	9,8	21,3	48,9	20,0	5,2	19,2	44,6	31,0

Fonte: Pesquisa AMB, 2005.

MAGISTRADOS: UMA IMAGEM EM MOVIMENTO

Tabela 137
Avaliação positiva* do governo Lula, por região geográfica, em %

	Norte	Nordeste	Sudeste	Sul	Centro-Oeste
Relação com o STF	37,7	42,3	33,9	40,8	35,7
Relação com o Poder Judiciário	8,2	11,7	9,1	9,7	7,6
Política econômica	24,3	28,0	25,4	20,4	24,9
Política social	7,5	10,9	6,3	8,6	7,3
Agenda de reformas	6,0	7,7	4,5	5,5	5,0
Secretaria de Reforma do Judiciário	3,7	3,3	4,2	5,1	4,0
Relação com o Congresso Nacional	11,2	11,1	10,8	15,5	15,9
Ações afirmativas baseadas em cotas	9,3	12,0	5,3	10,5	9,0

Fonte: Pesquisa AMB, 2005.
*Soma dos percentuais "muito bom" e "bom".

Tabela 138
Avaliação positiva* do governo Lula, por quartis de IDH, em %

	Baixo	Médio-baixo	Médio-alto	Alto
Relação com o STF	41,1	41,0	36,3	37,1
Relação com o Poder Judiciário	11,0	10,6	8,1	9,6
Política econômica	26,6	28,1	24,1	22,9
Política social	12,0	9,0	7,5	7,1
Agenda de reformas	7,7	7,0	4,8	5,0
Secretaria de Reforma do Judiciário	2,4	4,6	3,6	4,8
Relação com o Congresso Nacional	12,7	9,8	14,5	12,8
Ações afirmativas baseadas em cotas	12,9	10,8	7,3	7,8

Fonte: Pesquisa AMB, 2005.
*Soma dos percentuais "muito bom" e "bom".

Nota final

A pesquisa realizada pela AMB permite compor uma série de retratos. Vários são os ângulos possíveis e diversificadas as revelações. Estas imagens contribuem de forma privilegiada para o conhecimento da magistratura brasileira. A importância do personagem e a pluralidade de montagens inibem qualquer intenção de desenhar um quadro único e definitivo. É visível que se dispõe de um conjunto de perfis que permitem vislumbrar um ator relevante e em claro processo de mudança.

Muitas das "certezas" a respeito de quem são e o que pensam os magistrados mostraram-se inteiramente falsas. Nem mesmo o retrato demográfico revelou-se condizente com o que muitos propagam. Os resultados apontam que o juiz típico não é um jovem, recém-formado, sem nenhuma experiência. Ao contrário, os traços que compõem o magistrado característico desenham um personagem de média idade, que ingressou na magistratura após alguns anos de formado. A esse amadurecimento soma-se uma predominância do gênero masculino, mas já não tão absoluta quanto no passado. A presença feminina tem ocupado espaços, fazendo-se notar, especialmente nos juizados especiais e entre aqueles com menos anos de atividade jurisdicional.

Ademais, características de natureza social marcam um perfil eminentemente plural. Parte considerável dos magistrados não provém de famílias que compõem as elites econômica e social. Muitos juízes e juízas são filhos de pai e mãe com baixa escolaridade e menos de 1/3 entre eles possui pai com diploma universitário. Praticamente a totalidade dos entrevistados exerceu atividade profissional antes de ingressar na magistratura. Sobreponha-se a esses traços um recrutamento predominantemente exógeno: a extensa maioria não tem parentes na magistratura e nem mesmo em outras carreiras jurídicas que exigem o diploma em direito.

O pluralismo no recrutamento tem reflexos e acentua-se com percepções igualmente diversificadas tanto no que se refere ao Poder Judiciário quanto em relação às propostas em discussão e à avaliação do governo do presidente Lula. Diante dessas imagens multifacetadas, dificilmente se poderia sustentar que a magistratura é composta por indivíduos que formam um grupo homogêneo. Mesmo traços corporativos, normalmente salientados, mostraram-se pouco coesos. A percepção prevalecente é de crítica ao desempenho do Judiciário e é significativo o tamanho dos grupos que apóiam mudanças nos atuais preceitos que orientam a distribuição de Justiça, assim como a forma de administração da instituição. Quase não há partidários do atual modelo. Divergências aparecem no apoio às distintas alternativas que visam a alterações com o objetivo de modernizar, de conferir maior democratização interna e transparência nas decisões.

Sem o intuito de fixar qualquer retrato ou de concluir: as imagens já disponíveis convidam a propor novas revelações e incentivam que se questionem afirmações assentadas em meras suposições.

Falam os juízes na pesquisa da AMB

Sidnei Agostinho Beneti*

Muda a magistratura

Quem vive a magistratura há 34 anos e o Poder Judiciário há 40 tem de ter olhos para ver que são tempos novos, esses de agora, para os juízes. É impossível detectar toda a mudança. Mas mudaram, por exemplo, formas de trabalho, enfoque institucional, modo de vida, instrumentos técnicos, relacionamento pessoal, linguagem nas sessões e nos escritos, pronunciamentos públicos, associativismo, formação e controle, este, entre nós, perante a realidade do Conselho Nacional de Justiça.[4] Mudou a visão judicial, superada a *Weltanschauung* clássica, marcada pela doutrina da neutralidade absoluta, reclusa na leitura passiva dos textos legais. A crítica da vida e das instituições e a ânsia participativa permeiam os quadros da magistratura.

Na magistratura, a hierarquia administrativa não mais se impõe só à proclamação, exigindo o acréscimo da credibilidade. A democratização interna dos tribunais, a equalização no tratamento dos seus integrantes, o criticismo ativo e a ansiedade de comunicação com a sociedade são fatos evidentes.

Não tem olhos para ver quem não tenha percebido a mudança e repita surrados refrões hostis e discriminatórios de pretenso imobilismo, que se nutrem da própria incapacidade de perceber a mudança. E reproduza velhos e repetidos clichês

---

* Desembargador do Tribunal de Justiça do Estado de São Paulo, presidente da Seção de Direito Público; presidente da União Internacional de Magistrados, Roma <www.iaj-uim.org>; doutor em direito processual pela USP; professor titular de direito processual civil da Faculdade de Direito de São Bernardo do Campo; membro efetivo do Instituto Brasileiro, da Associação Ibero-Americana e da Associação Internacional de Direito Processual; estudos no Max-Planck-Institut em Freiburg-im-Breisgau, Hamburgo, Heidelberg e Munique; ex-diretor presidente da Escola Nacional da Magistratura; ex-integrante das comissões de reforma do Código de Processo Civil e do Código de Processo Penal, presididas pelo ministro Sálvio de Figueiredo Teixeira e pela professora Ada Pellegrini Grinover.
[4] Criado pela Emenda Constitucional nº 45, de 8 de dezembro de 2004.

100 MAGISTRADOS

da imagem daquele juiz de cinema ou novela, com ostensiva toga, palavreado empolado, afetada cerimônia e comandos absolutos, embora variando entre o compreensivo e o prepotente. A nova magistratura, em todos os graus, é ávida de diálogo, conquanto bem consciente de que seus interlocutores mais afoitos e, por vezes, ela própria, ainda não inventaram o padrão de comunicação apropriado à Justiça.

Falam os juízes

A nova magistratura fala. Três mil duzentos e cinqüenta e oito juízes encontraram ânimo e tempo em meio à imensidão do serviço a cargo de cada magistrado brasileiro, que, cabe relembrar, é o que enfrenta a maior massa de trabalho do mundo, para responder aos 11.286 questionários enviados pela AMB para a pesquisa coordenada pela professora Maria Tereza Sadek.

A participação dos entrevistados na pesquisa é muito grande, considerando-se as características do tipo de profissional pesquisado. Exterioriza-se a ânsia de comunicação e participação. Os juízes ingressam na comunicação de massa com programas de TV específicos, não recusam sistematicamente entrevistas e respostas, como o faziam, e falam. Por vezes falam até demais,[5] em certos momentos maus comunicadores, mas se exprimem.

E participam, o que é novo e de extrema importância nacional e mundial. Por intermédio das associações de magistrados, Escolas da Magistratura, atividade docente e discente, esta nos cursos de pós-graduação. Quem vive a magistratura há décadas bem se lembra que associacionismo cheirava a sindicato, coisa de agitadores, e freqüência a cursos, diminuição, trazia risco de ostentar que o rei não sabia e se abrigava nos hermetismos de seus latins.

É inimaginável a magistratura moderna sem as associações, sem as escolas de magistrados e a universidade, instituições que promovem a comunicação interna e externa capaz de influir nos resultados do poder. Os tiranos ao empalmarem o poder sabem isso tanto que costumam proibir o associativismo e a participação da magistratura, para que possam tolher os braços de juízes independentes, ao mesmo tempo que arrebanham arremedos de juízes ao poder absoluto, sempre

---

[5] Embora, às vezes, não é bom o juiz falar muito. A loquacidade constitui grave infração ética, levando o juiz a tipificar-se como um *"headline hunter"*, ao passo que *"when out of court, judges do not make any comment, to the press or elsewere, about cases in which they are involved"* (Thomas, 1997).

centralizado, não importa sob que argumento ou pretexto, afastadas as divisões como as decorrentes do federalismo e da pluralidade de controle.[6]

A magistratura fala e o faz por intermédio de pesquisa da associação de juízes. Há algo de novo no ar. Ninguém, por mais preconceituoso que seja contra o Judiciário e os juízes, poderá negar esse fato.

A nova magistratura

No contexto novo vem a pesquisa de Maria Tereza Sadek para a AMB. Não é a única, nem a primeira, recordando-se *Corpo e alma da magistratura*[7] e *O perfil do magistrado brasileiro*.[8] Mas é o trabalho mais importante. Pelo rigor metodológico, pela profundidade das questões, pela quantidade de respostas qualificadas. E pela ousadia de perguntar sobre tabus de fazer tremer os juízes, transpondo uma perigosa ponte. Como abrir, de público, ensejo de contra fogo ao tradicional fustigar da magistratura por muitos representantes de órgãos da classe do meio jurídico, ao perguntar sobre a atuação dos advogados, e de falar de imagem do governo central durante o mandato. Fatos absolutamente inimagináveis até há muito pouco tempo para a magistratura.

A pesquisa dá visibilidade aos novos juízes. Realmente, muitas vezes, jovens[9] com experiência de vida diferente. Menor, porque com menos anos de vida,

---

[6] O paroxismo da centralização e direcionamento na história moderna ocorreu, é claro, sob o III Reich, com a criação do *Volksgerichtshof* —, um modelo de gestão, eficiência e celeridade, que julgava e executava em poucos dias condenações à morte, em instância única, apenas admitido o pedido de clemência ao Führer. Criado em 24 de abril de 1934 e extinto em 20 de outubro de 1945, proferiu 18 mil sentenças, das quais cerca de 5.200 foram condenações à morte (Ver *Justiz und Nationalsozialismus*, ed. Bundesminister der Justiz, Verlag Wissenschaft und Politik Berend und Nottbeck, Köln, 1989). Na França, cf. *Juger sous Vichy*, col. Le Genre Humain, ed. Seuil, 1994.

[7] Viana et al. (1977).

[8] Cf. obras do Idesp, dirigido por Bolívar Lamounier, ed. Sumaré, coords. Maria Tereza Sadek e Rogério Bastos Arantes, entre as quais *O Judiciário em debate* e *Uma introdução ao estudo da Justiça*, e *O Ministério Público e a Justiça no Brasil*.

[9] O fenômeno da "juvenilização da magistratura", ao contrário do que se propaga sem conhecimento internacional, não é privilégio brasileiro, registrando-se em vários países, como, entre outros, a França, Itália, Portugal, Holanda, Japão e Taiwan. Deriva da opção por alguns dos sistemas estudados por René David (*Les grands systèmes du droit contemporain*). Acentua-se nos países em que o acesso à carreira se dá por concurso público, como o são, geralmente, os países de *civil law*. Nesses países, se não se permite o ingresso jovem na magistratura, certamente ocorre a evasão dos melhores valores para profissões mais rentáveis e menos sujeitas à hostilidade da comunicação social, como a advocacia, o que faria a magistratura perder grandes valores. Isso não ocorre nos países de *common law*, em que a nomeação não se dá por concurso público, mas pela indicação do Executivo, por seleção de currículos, naturalmente inafastável a influência política.

102 MAGISTRADOS

mas muitas vezes experiência de vida mais apropriada à sociedade atual — porque já viram e viveram relações sociais e pessoais que os mais velhos, mais resguardados durante mais tempo pela família antiga e pelas instituições preservadas, demoravam para vivenciá-la e muitas vezes jamais experimentavam.

É visível na pesquisa o novo juiz. Consciente dos problemas da Justiça, humilhado pela crítica justa ou pela agressão preconceituosa, atento aos jornais e à televisão — e, muitas vezes poliglota, usuário assíduo da Internet, de seus blogs, listas de discussões, apto ao mergulho no mundo pelos sites de busca. Sabedor de que o mundo é grande, de que quem tem conhecimento, criatividade e ousadia impõe-se, moderniza e vence. Repita-se, o novo juiz comunica-se, ou, ao menos, começa a aprender a fazê-lo.

A pesquisa da AMB demonstra que há um dado novo no entrechoque das instituições do poder. Aí vem o novo Judiciário, ativo e armando-se para o combate, nos braços da nova magistratura. Não está em ninguém, salvo nela, acioná-la ou paralisá-la.

Percepções e avaliações sobre o sistema de justiça

A pesquisa demonstra que os resultados são apresentados relativamente a cinco grupos de temas: a) perfil demográfico da magistratura; b) perfil sociológico da magistratura; c) avaliação da prestação jurisdicional; d) avaliação de propostas referentes à instituição e ao sistema de justiça; e) avaliação de advogados e do governo Lula.[10]

Na massa de informações da pesquisa, as observações que se seguem restringem-se ao ponto que tem sido atualmente a preocupação principal do autor deste escrito, isto é, a funcionalidade[11] do mecanismo de Justiça entre nós, a fim de buscar soluções para seus males bem conhecidos, a saber: a lentidão dos processos, o déficit de qualidade, a inaptidão à construção de vetores jurisdicionais estáveis para a sociedade por intermédio de doutrina eficaz de precedentes e a efetividade da realização das aspirações de Justiça por intermédio do Judiciário.

---

[10] Pesquisa AMB coordenada por Maria Tereza Sadek, 2005, p. 2-3.
[11] A visão da funcionalidade é essencial às instituições. Ressalta-o com acuidade e estilo o grande Joaquim Nabuco, enaltecendo Bagehot, que o fez compreender a funcionalidade da Constituição inglesa, assinalando que ela está no "segredo, as molas ocultas da instituição"; "a Constituição inglesa é uma esfinge, da qual foi ele quem decifrou o enigma" (*Minha formação*. Brasília: UnB, 1963, p.15 e 17).

Agilidade

As respostas à pesquisa são tipicamente respostas de juízes, isto é, de quem conhece o sistema porque vive dentro dele; e realistas, visto que a atividade judicial condiciona o juiz a agir realisticamente. São respostas, ainda, de quem padece do sistema emperrado de trabalho em que o juiz estoicamente pena, juntamente com os funcionários e demais profissionais da Justiça, inclusive advogados e promotores.

O Judiciário brasileiro, como um todo, recebe "muito bom" e "bom" de apenas 9,9% dos magistrados, e, no extremo oposto, quase a metade — 48,9% — avalia a instituição como "ruim" e "muito ruim".[12]

Quando se fala em agilidade da instituição, vários temas afloram à mente e devem ter sido sopesados pelos entrevistados. Conservadorismo de rotinas, dificuldade de mudar, grandiosidade e peso da máquina judiciária, amarras decorrentes do serviço público quanto a pessoal, material e meios financeiros, e submissão à liderança institucional hierarquizada pela antiguidade. Essas características são bem marcantes no Judiciário — embora não sejam exclusivas deste, pois estão presentes em todas as instituições públicas, em todas as grandes organizações, mesmo de caráter privado e, ainda, nas pequenas organizações burocratizadas pelo uso do suporte papel para os registros, lembrando-se que apenas recentemente os escritórios de advocacia vêm se liberando da burocratização e que a universidade em geral — no mundo inteiro — costuma manter enorme massa de burocracia paralisante.

Mas o ponto que deve ter pesado na avaliação judiciária negativa pelos próprios juízes é a demora processual — uma vergonha para todo magistrado. Nisso o Judiciário brasileiro é altamente reprovado pelos próprios magistrados, também vítimas das formas processuais que impedem a fluidez. A sinceridade das respostas, contudo, não deve ser tomada como reconhecimento de culpa. O juiz brasileiro trabalha muito, mas o processo não anda, e, se caminha, não alcança a execução do julgado. Assim como também não anda em muitos países, nos quais os juízes registram menor quantidade de trabalho. Nesse ponto vêm à lembrança os números astronômicos da produção dos juízes nacionais, se comparados com os de análoga posição institucional no exterior.

A crise do processo passa pelo exaurimento do modelo de suporte processual, atualmente fundado no papel, modelo em que se consome imenso tempo a

---

[12] Pesquisa AMB, 2005, p. 19.

produzir registros. Os males desse modelo acentuam-se ante o princípio da unicidade dos autos, válido no Brasil, onde todas as informações se processam e se documentam em autos únicos, um único maço de papéis, em vez de se colecionarem em arquivos das partes, que sejam apresentados, todos, na audiência ou sessão de julgamento, aos julgadores. Os mais desastrosos efeitos dessa unicidade dos autos são o travamento sucessivo do processo, pois, quando os autos são examinados por um dos participantes, paralisam-se os demais pela fragmentação processual por vários atos que produzem decisões incidentais recorríveis; a inoperabilidade do sistema de construção célere de jurisprudência estável, especialmente para questões de direito material geradoras de "macrolides"[13] plurissubjetivas sazonais e repetitivas, que se julgam individualmente em vez de à custa de *leading case*; e a falta de filtro de admissibilidade recursal razoável nos tribunais superiores e situações semelhantes. Trabalha-se muito e produz-se pouco resultado concreto.

De qualquer forma, os juízes brasileiros estão conscientes do problema. Não conseguem, é certo, formular propostas decisivas para superá-lo. Mas isso, convenha-se, também ocorre em quase todos os países.[14] E, entre nós, agrava-se o problema, diante da admirável instabilidade legislativa — agravada, inclusive, pela admissibilidade de edição de medidas provisórias e de realização de emendas constictucionais.[15]

Imparcialidade

Vista no contexto atual, em que o Judiciário vem sendo há décadas objeto de dura crítica diária pelos meios de comunicação[16] e pelos demais poderes,

---

[13] Sobre as "macrolides", ver Beneti (2005).

[14] Sobre a demora judiciária, vejam-se, entre tantos, Cottier, 1995; Santos et al., 1996. *Roe vs. Wade* sobre o direito ao aborto, demorou quase uma década em julgamento perante a Suprema Corte dos EUA (ver Faux, 1993); a Corte Européia de Direitos Humanos condena os países europeus a centenas de casos por demora no julgamento além do tempo razoável — não se olvidando, contudo, que essa mesma Corte, para condenar por atraso judiciário, está demorando mais de seis anos para decidir, em instância única, cada caso. Convidado pelo Max-Planck-Institut für öffentliche Recht, estive um mês em Heidelberg estudando a demora judiciária e suas causas no mundo, e a conclusão é a de que a sociedade moderna superou o modelo processual em todos os países, precisando ser inventado um novo sistema para razoável celeridade, com a segurança exigida pela Justiça.

[15] São 52 emendas constitucionais, até 9 de março de 2006, à Constituição Federal de 5 de outubro de 1988. Emendaram-se até mesmo as disposições transitórias da Constituição de 1988.

[16] A opinião pública está condicionada a ver apenas o aspecto negativo no Judiciário nacional. Há alguns anos, quando coordenava o Curso de Instituições Judiciárias, na Faculdade de Direito da USP, formulei em uma prova semestral a seguinte questão dissertativa: "Cite três pontos positivos do Judiciário brasileiro". Poucos puderam enxergar peculiaridades positivas de nosso Judiciário, como a

(pelas mais diferentes motivações, desde a sincera crítica e a desinformação,[17] até a tentativa de dominação pelo acuamento), a avaliação é bastante positiva, considerando os índices realmente negativos de imparcialidade, na tabela 17, expondo apenas 4,9% na Justiça Estadual, 21,4% na Justiça do Trabalho e 19,4% na Justiça Federal. Esses índices devem ser tomados a menor, pois incorporam longa e pesada carga dos meios de comunicação contra os defeitos do aparelhamento da Justiça, naturalmente maximizando-os até mesmo para os próprios juízes — também integrantes da sociedade e sujeitos à influência dos mesmos meios de comunicação.

Nessa matéria, a suspeita habita os julgamentos, alimentada pelas partes, que sempre temem o comprometimento do julgador; pelos advogados, que, além de participarem do mesmo temor, é claro que, ainda que o seja inconscientemente, serão tentados a justificar a própria derrota verbalizando contra a idoneidade do magistrado. E pelos próprios magistrados, curioso tipo de gente que, dada a individualidade inerente a proferir julgamentos pessoais, acredita na própria isenção absoluta, mas cultiva a dúvida sistemática a respeito de tudo, inclusive quanto à idoneidade alheia, salvo o caso em que o envolvido já tenha alçado ao grau de notoriedade de imparcialidade que o firme no meio jurídico.

Note-se que, a respeito desse quesito de imparcialidade, a Justiça brasileira se destaca de modo positivo, se comparada com o resto do mundo, onde há países

---

obrigatória motivação das decisões, a publicidade dos julgamentos, a formação democrática da carreira de juiz sob o concurso público obrigatório, a impossibilidade de direcionamento centralizado dos tribunais dada a dispersão da organização judiciária, a despolitização de nomeação e promoção de juízes na carreira da magistratura, a efetividade da desvinculação econômico-política ante a inexistência de eleições e seleções partidárias, a independência e a publicidade da gestão administrativa e orçamentária pelos tribunais e tantas outras características, pelas quais o Poder Judiciário brasileiro se distingue positivamente, como único no mundo. Não será fácil, contudo, inverter a opinião pública negativa e, com certeza, isso não será possível enquanto o Judiciário não conseguir remoer as próprias bases de operacionalidade para oferecer melhores serviços, a começar pela eliminação da demora atual.

[17] Curioso o fenômeno da "desinformação esclarecida". Certa vez convidei o publicitário Luiz Sales para a pioneira conferência sobre a imagem pública da Justiça que fez na Escola Paulista da Magistratura, e levou-me ele a assistir à colheita de dados para sua exposição nas dependências de sua agência de publicidade, onde vi, através do espelho que impedia que fôssemos vistos, a reunião de um grupo de pessoas extremamente esclarecidas, visto que eram publicitários e comunicadores da agência, a imensa confusão que faziam entre polícia e Poder Judiciário, constatando que, instados a citar nomes de juízes, apenas puderam lembrar os nomes de Francisco Rezek, porque, como presidente do Tribunal Superior Eleitoral, sempre estava nos jornais e televisão, e Romeu Tuma, que, na condição de delegado-geral, aparecia nos órgãos de comunicação — tendo ambos uma característica comum de dar entrevistas, aparecer na imprensa, comunicando-se muito bem.

em que raramente se ousa duvidar da imparcialidade (por exemplo, Inglaterra, Nova Zelândia, Canadá, Escandinávia, Alemanha) e países onde a dúvida é alardeada e sistemática — como o caso da América Latina, com exceções, quiçá, de Uruguai e Chile —, e outros em que o padrão é elevado, mas a crítica acirrada abala a credibilidade de alguns julgamentos, sem, contudo, abalar a crença na magistratura (EUA, Itália, França, Península Ibérica).

Na pesquisa, a avaliação negativa dos tribunais superiores quanto à imparcialidade influencia-se muito pela imagem negativa da influência política decorrente da forma de nomeação, o que, de resto, se apresenta em todos os países,[18] sob os mais variados sistemas, e em razão de serem tribunais que fatalmente se destinam a ser juízes de juízes, reformando decisões destes, isto é, contrariando posições tomadas na convicção de serem certas.

Legalidade

"Indagado aos entrevistados se as decisões judiciais deveriam orientar-se preponderantemente por parâmetros legais, atentar para suas conseqüências econômicas, ter compromisso com as conseqüências sociais",[19] as respostas, na tabela 25, foram francamente favoráveis à orientação segundo os parâmetros legais (86,5%), mas levando em consideração o compromisso com as conseqüências econômicas (36,5%) e o compromisso com as conseqüências sociais (78,5%).

A resposta reflete o que se introjetou no *legal thinking* nacional, de que o pensamento do juiz é produto direto — formado parelho ao pensamento de todos os profissionais do direito, advogados, promotores, policiais, professores universitários e também juízes![20] A predominância da legalidade reflete a formação histórica do profissional judiciário, vindo do constitucionalismo de Montesquieu e

---

[18] A crítica aos juízes e tribunais é muito dura no exterior. Por exemplo, entre numerosos escritos: nos Estados Unidos, ver Maltese (1995), Woodward e Armstrong (1985), Tribe (1985); na Alemanha, ver Lamprecht e Malanowski (1979); na França, ver Brunel (1991), Lemoine (1993), Joly e Beccaria (2003); na Espanha, ver Navarro (1998).

[19] Pesquisa AMB, 2005, p. 34.

[20] É o conhecido fenômeno da reprodução, tão ressaltado como produto da chamada violência simbólica da formação universitária, constatação, aliás, irrecusável, a que não foge o profissional juiz, oriundo dos mesmos bancos acadêmicos, leitor dos mesmos livros e pertencente, por toda a vida — o que é extremamente relevante — ao mesmo grupo ideológico, de que não quer se ver excluído, de maneira que nele se insere e, ao mesmo tempo que controla, é controlado — ou "patrulhado", se se permitir o termo.

Madison-Hamilton, reiterado ainda na universidade, ao tempo de faculdade dos profissionais indagados.

A pesquisa mostra que se alterou um pouco o bloco antes monolítico do dogma da supremacia da letra da lei, ante a nova formação, também vinda da influência do pensamento universitário mais recente, sobretudo após a introdução, nos currículos das faculdades de Direito, das cadeiras de Sociologia do Direito e Metodologia do Ensino Jurídico e a modernização dos programas de Teoria Geral do Direito, Doutrina do Estado e Filosofia do Direito — e, em especial, após a pujante doutrina formada a partir dos clássicos da matéria.[21]

Note-se que a opção pelo "compromisso com as conseqüências sociais" (78,5%) aparece superior à do "compromisso com as conseqüências econômicas" (36,5%). É ainda a força do ideário formado pelo Código Civil de 1916,[22] que presidiu a formação jurídica de todo profissional do direito da geração pesquisada, sob alta força retórica em todos os textos de direito civil e de hermenêutica jurídica. O "compromisso com as conseqüências econômicas", de sua parte, perde da retórica social, mais palatável, esta, pelo idealismo e romantismo que encerra, e anatematizada, aquela, pela longa exposição à crítica sociopolítica e artística de vanguarda, que há mais de um século passou a ver na apropriação da mais-valia produtora da riqueza individual o fator de injustiça.[23] O ideal de justiça não se situa no econômico há séculos,[24] e muito menos na atualidade — e desse pensamento não fogem os juízes — nem, é curioso ressaltar, no discurso, os próprios protagonistas da atividade econômica, embora tantas vezes, no concreto, ajam de forma diversa.

---

[21] Entre eles, Bobbio, Bourdieu, Passeron, Habermas; entre nós, Joaquim Falcão, José Eduardo Faria, Aurélio Wander Bastos, João Maurício Adeodato, Luiz Alberto Wahrat, Celso Campilongo, Luciano Miranda. Essa doutrina influenciou fortemente os integrantes do grupo do chamado direito alternativo, que se incrustou, juntamente com outras diretrizes críticas, nas associações de magistrados e, em especial, entre nós, na Associação de Juízes pela Democracia, nascida sob a influência da Asociación de Jueces por la Democracia, espanhola. Na Europa em geral, a Medel.

[22] Lei de Introdução ao Código Civil, Lei nº 4.657, de 4 de setembro de 1942, "Art. 5º. Na aplicação da lei, o juiz atenderá aos fins sociais a que ela se dirige e às exigências do bem comum".

[23] Lembre-se o apoio estético ao social em detrimento do econômico — ninguém conseguirá lembrar um texto literário, letra de canção ou frase publicitária que associe o econômico à Justiça. Impossível esquecer Bertolt Brecht em *Drei Groschel Oper* (a perguntar o que é mais crime, assaltar um banco ou fundar um banco), ou Jean Genet "Le Balcon", *2ème Tableau* (o juiz , ironizado, é inferior à acusada).

[24] Já que se concedeu à literatura, recordam-se de Sheakespeare, naquele inesquecível Shylock em *O mercador de Veneza*? Certa vez, um *speaker* em um seminário do Banco Mundial, em Washington, sobre insolvência, lembra que juízes não são meros cobradores de dívidas, ainda que o façam, mas, sim, agentes de Justiça.

108 MAGISTRADOS

Mereceria análise à parte a curva ascendente da ligeiramente menor consideração dos parâmetros legais pelos juízes na ativa do que pelos aposentados, da mesma forma que, para estes, é bem superior a consideração das conseqüências econômicas. A formação do jurista, sem dúvida, trilha o caminho da maior ação do juiz, interpretando a lei, na construção do direito vigente, o que, em outro contexto, conservador, aliás, faz lembrar a frase de Charles Hughes, do alto da Suprema Corte dos Estados Unidos, de que "o Direito é o que os juízes dizem que é", observação em seguida corrigida pelo gigante Frankfurter, da mesma Corte, firmando que, "em última análise, a pedra de toque da constitucionalidade está na própria Constituição e não naquilo que nós dizemos a respeito dela".[25]

Avaliação do STF

Sobre a avaliação da atuação e da composição do STF, tem-se, sem dúvida, uma preocupante constatação. O fenômeno é bem presente na América Latina e a permanente crise da Suprema Corte Argentina[26] talvez signifique o exemplo mais marcante da necessidade de que o mais alto tribunal do país obtenha natural respeito dos juízes, vetorizando estes, com certeza, avaliação da própria sociedade, com a qual naturalmente são mais conectados no dia-a-dia.

Crise semelhante, mas incomparavelmente mais profunda, ocorreu em vários outros países da América Latina, como Bolívia, Paraguai, Peru e Equador — chegando-se, neste último, ao paroxismo da destituição de todos os magistrados da Suprema Corte, com a nomeação de novos por um presidente (Gutiérrez) e, em seguida, destituição de todos os novos por um novo governo após a queda do presidente, seguindo-se a inexistência de fato da Corte Suprema, com abertura de

---

[25] "Graves vs. N.Y", ex rel. J. G. O´Keefe, 306 US 1939-466, cf. Baleeiro (1968).

[26] A Suprema Corte da Argentina passou nos tempos recentes por alterações motivadas por contingências políticas, com o aumento do número de magistrados pelo governo Menen e nomeação de ex-sócio de escritório para a presidência da Corte, lembrando-se que, no país, a Corte é extremamente reduzida, com apenas cinco membros, e vitalícios, sem aposentadoria compulsória — donde a perenização, para os governos ulteriores, sem abertura de vagas. Sob o governo Della Rua, instaurou-se processo de *impeachment* (*juicio político*) contra todos os magistrados da Corte Suprema. A aposentadoria, sob pressão política e popular, do presidente Julio Salvador Nazareno,e as nomeações de Eugénio Raúl Zaffaroni, acerbo crítico da Corte, com larga comunicação formadora de opinião pública, e da respeitada magistrada de carreira Elena Highton de Nolasco tranqüilizaram um pouco o setor, prosseguindo, contudo, algumas acusações.

processo seletivo de novos magistrados para ela, por processo de seleção nacional, regrado por novos termos constitucionais.[27]

De qualquer forma, considerado apenas o fenômeno interno do distanciamento das cortes superiores nos países em que os escalões inferiores da magistratura compõem-se de carreira iniciada por concurso público, pode-se considerar natural a avaliação em menor apreço, lembrando-se observações já anteriormente lançadas a respeito, ou seja, de que, diante das cortes superiores, o juiz de 1º grau e dos tribunais locais é também uma espécie de jurisdicionado, porque sujeito ao julgamento contrário, da parte de aludidos tribunais superiores, de forma que muitas vezes reage como reagem os jurisdicionados diante da manifestação judicial adversa.

Avaliação de propostas

As propostas da AMB e dos juízes avaliadas nas tabelas 43-50[28] são históricas e as respostas refletem o engajamento temático associativo, que assume enorme força na atualidade, não podendo ser ignorado por governantes, legisladores e dirigentes do Judiciário.

Permita-se não ingressar na análise da avaliação dessas propostas, mas é impossível deixar de assinalar a sintonia da magistratura com o trabalho da associação — preservada a crítica, característica de toda resposta típica do profissional juiz.

A mulher magistrada e o magistrado inativo

A pesquisa detalha pontos da maior relevância, como a opinião da mulher magistrada e dá voz à multidão de inativos, que exerce enorme influência na produção do ideário típico da magistratura — que tantas vezes se faz pelo ensinamento transmitido pela tradição oral, à lembrança dos grandes nomes da Justiça.

Os dados estatísticos nacionais mostram a presença crescente da mulher nos quadros da magistratura, o que, aliás, reflete a tendência mundial. Nos tribu-

---

[27] Como presidente da União Internacional de Magistrados, convidado pelas Nações Unidas, cumprindo entendimento desta com o Alto Comissariado das Nações Unidas (Genebra) e em acordo com o relator especial Leandro Despouy, estive em Quito, iniciando o trabalho de observador internacional dos trabalhos de seleção de novos magistrados para a Corte Suprema, trabalho, posteriormente, realizado *in loco* pelo desembargador Cláudio Baldino Maciel, ex-presidente da Associação dos Magistrados Brasileiros.

[28] Pesquisa AMB, 2005, p. 45-52.

110 MAGISTRADOS

nais superiores ingressa significativamente a mulher. Nesse ponto, acentua-se a presença da mulher no rol de candidatos aprovados nos concursos de ingresso na magistratura, sempre oscilando em torno de 40% ou mais. Os tribunais superiores, por sua vez, embora possam observar presença mais acentuada da mulher[29] — porque não condicionado o provimento dos cargos à ascensão lenta na carreira da magistratura, em que a mulher passou a ter acesso apenas recentemente na verdade refletem a proporção de mulheres na classe política, a que se devem as nomeações para os tribunais superiores.

É interessante observar que as opiniões da mulher juíza não diferem verdadeiramente das manifestações dos juízes, o que evidencia o dado fundamental à compreensão do fenômeno judiciário de que, afinal de contas, existe uma ideologia típica de magistratura, sobrepairando sobre os segmentos de gênero de que se compõe.

O tratamento entre homem e mulher juízes na realidade iguala-se na magistratura. A mulher juíza brasileira repudia o privilégio,[30] que a diminuiria e que significaria discriminação oblíqua.[31]

Associacionismo de juízes

A pesquisa revela a força do participacionismo na magistratura atual. Fenômeno relativamente novo, esse do associativismo de juízes, pois magistrados antigos no mundo inteiro recusaram de início a idéia de associar-se, imaginando que tal consistiria em constituir sindicatos, o que indicava a participação em lutas políticas e, mesmo, a socialismo e comunismo.[32]

---

[29] No Supremo Tribunal Federal, com 11 integrantes, há uma mulher (ministra Ellen Gracie Northfleet); no Superior Tribunal de Justiça, entre 33 ministros, há quatro mulheres (ministras Eliana Calmon Alves, Fátima Nancy Andrighi, Laurita Hilário Vaz e Denise Martins Arruda).

[30] A propósito, interessante a lembrança do ocorrido com a primeira mulher nomeada para a Corte Suprema dos Estados Unidos, Sandra Day O´Connors. Conta-se que ao ingressar na Corte, intrigava-se em pensar se lhe dariam precedência, mas ocorreu que simplesmente os juízes se postaram na ordem costumeira de antigüidade, restando ela no fim, e conta-se que a eminente juíza posteriormente teria relatado que nunca havia se sentido tão prestigiada como mulher, como quando tratada com absoluta igualdade, ficando para trás, pela antigüidade geral da Corte.

[31] Sobre discriminação oblíqua, vale lembrar a humilhação sofrida por Georges Sand, que, apresentando seus primeiros escritos, foi galanteada com o seguinte "elogio": "*Vous écrivez comme un homme, Madame!*"

[32] Curiosa, a propósito, a própria diferença de denominação da entidade mundial de juízes, nos seus dois idiomas oficiais. Em francês é denominada Union Internationale de Magistrats, ao passo que em inglês se evitou o termo "*Union*", usado para sindicatos, denominando-se International Association of Judges!

O peso do associacionismo judicial viu-se presente no fato de realização da pesquisa e na credibilidade em obter respostas. O mesmo ocorre, atualmente, no âmbito internacional, com a União Internacional de Magistrados, cujas atividades sempre se abrem com a presença de presidentes da República e significativa participação de magistrados de todo o mundo.[33]

Trata-se de uma satisfação para o autor deste escrito[34] assinalar a credibilidade do associacionismo brasileiro, representado pela Associação dos Magistrados Brasileiros, em trabalho justamente admirado pela magistratura do mundo inteiro.[35]

Observações conclusivas

Evidentemente, a observação da pesquisa da AMB levará a conclusões diferentes segundo a apreensão do analista — realçando a importância da análise que se faça pelos especialistas dos diversos departamentos do saber, como pesquisadores, sociólogos, políticos, cientistas e profissionais de outras áreas.

Para o autor deste texto, parece claro que a pesquisa indica as seguintes conclusões gerais e principais:

❑ declínio do patriarcalismo, com a afirmação do criticismo, a exigir sempre a motivação de atos praticados pelos juízes na área jurisdicional e administrativa, inclusive quanto às decisões de interesse do Judiciário, da magistratura e dos juízes, restando à margem o argumento de autoridade e de antiguidade, que tanto suporte historicamente emprestou à Justiça;

❑ igualdade entre os juízes, sem distinção de nenhuma espécie, acentuando-se a firme conclusão de igualdade de pensamento entre os gêneros, entre inativos e em atividade, originários da carreira da magistratura e do quinto constitucional;

---

[33] A União Internacional de Magistrados, fundada em Salzburg, Áustria, em 1953, é um órgão consultivo das Nações Unidas para matérias atinentes ao Judiciário e à magistratura, com representantes junto à Assembléia Geral em Nova York, no Alto Comissariado de Direitos Humanos em Genebra e na Comissão de Viena, congrega 69 países, é sediada em Roma, na Corte de Cassazione, e já realizou 49 congressos mundiais. Possui quatro comissões permanentes de estudos, publicados anualmente, e quatro grupos regionais, reunindo os cinco continentes. Sobre a União Internacional de Magistrados, ver o site <www.iaj-uim.org>.

[34] Sobre eleições para a IAJ-UIM, ver discurso de posse do autor em *Julgados do Tribunal de Justiça*.

[35] Ressaltei o fato em meu discurso de posse na Presidência da União Internacional de Magistrados, no 48º Congresso, em Valle de Bravo, México, em 3 de novembro de 2004 (cf. *Julgados do Tribunal de Justiça*, 292/784) e, posteriormente, na abertura do 49º Congresso, em Montevidéu, em 19 de novembro de 2005 (cf. *Revista Judicatura*, Montevidéu, 2006).

112 MAGISTRADOS

- participacionismo de todos os segmentos da magistratura na atualidade, vencida definitivamente a tendência à omissão, decorrente do isolamento alienante no fórum, gabinete de trabalho ou escritório pessoal, em época que se caracteriza decididamente como de ansiedade participativa, sinalizando a pesquisa no sentido do atropelamento inexorável de quem se coloque em sentido contrário;
- transparência geral e recíproca, interna no Judiciário e externa quanto aos demais poderes do Estado e organismos sociopolíticos e econômicos ligados ao poder público ou aptos a determinar a formação do poder público e da comunicação social;
- comunicação e ativismo crescentes, bem demarcados pelo desejo de dar contas de atos à sociedade, por intermédio de órgãos de comunicação social, em que pese ao inegável amadorismo do magistrado na atualidade em lidar com a comunicação de massa, bem como pelo desejo de exigir iguais contas de outros detentores de parcelas do poder institucional e formador da opinião pública. Os juízes, realce-se, estão bem conscientes da falência dos mecanismos tradicionais de comunicação, como a fala exclusivamente nos autos, a publicação no *Diário Oficial*, ou a interlocução com as partes por intermédio apenas do advogado do caso;[36]
- tendência social que se evidencia, com firmeza nunca antes observada, em todos os segmentos das profissões jurídicas e mostra-se acentuada nas manifestações dos juízes.

Prenúncio do futuro

Toda pesquisa é um corte da realidade, na fluidez da realidade, que, nos tempos atuais, pode mudar célere e sem previsão de rumo, ante o sempre possível direcionamento da comunicação, que se tornou movediça, sobrepairante e dúctil, sob forte influência da eficiente liderança contingente, deserdada dos condicionamentos político-ideológicos que marcaram o século XX — individualismo e socialismo, capitalismo e comunismo, democracia e ditadura, conservadorismo e vanguarda, com suas idéias-força trazidas no bojo, especialmente o existencialismo, liberacionismo e ativismo. Não se pode prenunciar por quanto tempo as tendências

---

[36] Sobre mídia e Justiça, entre tantos trabalhos, destacam-se as conferências de Ernest Markel, da Corte Suprema da Áustria, e de Louise Arbour, então da Corte Suprema do Canadá e atualmente Alta Comissária das Nações Unidas para Direitos Humanos, em Genebra.

FALAM OS JUÍZES NA PESQUISA DA AMB

da magistratura evidenciadas pela pesquisa da AMB vão perdurar ou, mesmo, se irão condicionar a realização dos julgamentos.

Mas a pesquisa, com suas indicações e vetores, não pode, entretanto, deixar de ser cuidadosamente observada para verificar o que se passa dentro do microcosmo da magistratura, em que reside o ideário dos juízes. E, voltando ao início deste trabalho, "quem vive a magistratura há 34 anos e o Poder Judiciário há 40 tem de ter olhos para ver que são tempos novos, esses de agora, para os juízes".

O múltiplo Judiciário

Joaquim Falcão*

> "Mudam-se os tempos, mudam-se as vontades,
> Muda-se o ser, muda-se a confiança;
> Todo o mundo é composto de mudança,
> Tomando sempre novas qualidades."
> (Camões)

Poder Judiciário: unidade ou multiplicidade?

Em recente e vitorioso voto que pronunciou como relator da Ação Direta de Inconstitucionalidade na qual se confirmou a constitucionalidade do Conselho Nacional de Justiça, o ministro César Peluso afirmou que o Poder Judiciário é um poder uno. Ou melhor, o poder de que os juízes estão investidos é uma mesma e única manifestação da soberania do Estado. Textualmente, disse Peluso:

> O pacto federativo não se desenha nem expressa, em relação ao Poder Judiciário, de forma normativa idêntica à que atua sobre os demais Poderes da República. Porque a Jurisdição, enquanto manifestação da unidade do poder soberano do Estado, tampouco pode deixar de ser una e indivisível, é doutrina assente que o Poder Judiciário tem caráter nacional, não existindo, senão por metáforas e metonímias, *"Judiciários estaduais"* ao lado de um *"Judiciário federal"*.[37]

---

* Diretor e professor de direito constitucional da Escola de Direito do Rio de Janeiro da Fundação Getulio Vargas (Direito Rio/FGV). Membro do Conselho Nacional de Justiça. O autor gostaria de agradecer a Diego Werneck pela revisão e pelas sugestões, comentários e críticas.

[37] Voto do ministro César Peluso na ADIn 3.367-1.

Tem razão o ministro Peluso. Aliás, este entendimento reflete o senso comum dos juristas brasileiros. É a posição expressa, por exemplo, por Antonio Carlos de Araújo Cintra, Ada Pellegrini Grinover e Cândido Rangel Dinamarco, citados pelo próprio Peluso em seu voto:

> O Poder Judiciário é uno, assim como una é a sua função precípua — a jurisdição — por apresentar sempre o mesmo conteúdo e a mesma finalidade. Por outro lado, a eficácia espacial da lei a ser aplicada pelo Judiciário deve coincidir em princípio com os limites espaciais da competência deste, em obediência ao princípio *una lex, una jurisdictio*. Daí decorre a unidade funcional do Poder Judiciário. [38]

Mas o ministro Peluso cita os mesmos juristas para afirmar, mais uma vez com razão, que existem no país diversas "justiças":

> fala a Constituição das diversas *Justiças*, através das quais se exercerá a função jurisdicional. A jurisdição é uma só, ela não é nem federal nem estadual: como expressão do poder estatal, que é uno, ela é eminentemente *nacional* e não comporta divisões. No entanto, para a divisão racional do trabalho é conveniente que se instituam organismos distintos, outorgando-se a cada um deles um setor da grande "massa de causas" que precisam ser processadas no país. Atende-se, para essa distribuição de competência, a critérios de diversas ordens: às vezes, é a natureza da relação jurídica material controvertida que irá determinar a atribuição de dados processos a dada Justiça; em outras, é a qualidade das pessoas figurantes como partes; mas é invariavelmente o interesse público que inspira tudo isso. O Estado faz a divisão das Justiças, com vistas à melhor atuação da função jurisdicional.[39]

De fato, se considerarmos a função precípua do Poder Judiciário de dizer a lei, isto é, se considerarmos sua função jurisdicional, descobriremos e entenderemos um Poder Judiciário uno. Uno porque assim foi estruturado pela Constituição. O Supremo Tribunal Federal ocupa o lugar mais alto da hierarquia institucional, detentor de um poder jurisprudencial unificador, expresso em sua função de "guardião da Constituição".

---

[38] *Teoria geral do processo*. 21. ed. São Paulo: Malheiros, 2005, p. 166.
[39] Ibid., p. 184, grifos no original.

O MÚLTIPLO JUDICIÁRIO   117

Se, no entanto, a jurisdição como expressão da soberania nacional é una, a divisão racional do trabalho judicial é apenas uma das muitas opções de organização institucional e política de um Judiciário múltiplo. Multiplicidade histórica e geograficamente situada. Foi uma das diversas estratégias, um dos inúmeros caminhos disponíveis aos constituintes para moldar um Judiciário capaz de atuar como definidor da legalidade. Nenhuma organização da função jurisdicional é caminho único ou verdade universal. Nos Estados Unidos, por exemplo, a Suprema Corte ocupa a posição judicante mais alta, como no Brasil, com o acréscimo de que, por força do princípio do *stare decisis*, suas decisões em casos concretos vinculam não apenas as partes do conflito, mas cada magistrado e cada tribunal no país. No entanto, o direito processual não é um só para todos os estados, como no Brasil. Cada estado norte-americano pode definir uma parcela significativa de seu direito processual. Lá, nem mesmo o direito civil e o direito penal são uniformes.

Mas se considerarmos o nosso Supremo Tribunal Federal não do ponto de vista do seu poder jurisdicional, mas da perspectiva de seu poder administrativo, veremos que ele não detém competência para impor seu modelo de gestão aos demais tribunais do país. A hierarquia jurisdicional não se traduz em hierarquia gerencial.[40]

As recentes discussões sobre o nepotismo ilustram bem esta situação. O Supremo sempre proibiu o nepotismo como prática administrativa para si próprio, mas não poderia impor legalmente essa proibição aos demais tribunais. Foi preciso criar o Conselho Nacional de Justiça, com competência constitucional de planejamento, fiscalização e controle dos tribunais, para se ampliar o alcance dessa proibição a todos os tribunais.[41]

Para a formulação e implantação do que denomino políticas públicas judiciais — a identificação, mobilização e coordenação de recursos públicos institucionais, financeiros, humanos ou legais em favor da reforma do Judiciário —, a questão da unicidade normativa do Poder Judiciário é fundamental. Não como a interessante discussão teórica que é no âmbito doutrinário. Mas porque a unicidade jurisdicional tem sido muitas vezes utilizada como premissa para a formulação de diagnósticos a partir dos quais as políticas públicas judiciais de caráter organiza-

---

[40] A não ser, é claro, quando a decisão administrativa de um tribunal inferior transforma-se em questão jurisdicional.
[41] Eventualmente, a decisão administrativa do CNJ se transformou em questão jurisdicional apreciada pelo Supremo, que reconheceu a competência constitucional do conselho e deu a contribuição decisiva em favor do combate ao nepotismo. O que foi feito diretamente em nome da legalidade normativa, e só indiretamente em nome da eficiência gerencial do sistema judicial.

118   MAGISTRADOS

cional e administrativo são pensadas, sobretudo no âmbito legislativo. Um diagnóstico que considero equivocado e que a pesquisa de Maria Tereza Sadek muito bem ilustra, como veremos.

A reforma do Judiciário não é um desafio jurisdicional. Hoje em dia, o que a sociedade demanda não concerne ao conteúdo em si das decisões. Ainda que críticas dessa natureza existam, aqui e ali, é normal que assim seja. Recentemente, por exemplo, alguns professores de Princeton e Harvard afirmaram ter identificado a existência de viés pró-credor no funcionamento do sistema jurídico de diversos países com grande desigualdade de renda — o que provavelmente seria o caso do Brasil.[42] Aliás, como informa a pesquisa de Maria Tereza Sadek, os próprios juízes consideram o Supremo Tribunal Federal pouco independente em relação aos interesses econômicos — de 0 a 10, a nota média neste quesito foi de 4,6. Críticas desse tipo sempre existirão, e devem ser levadas em conta para um mais justo exercício da jurisdição.

O fato é que, hoje em dia, a pauta nacional prioritária em relação ao Judiciário não diz respeito à necessidade de mudar o conteúdo de suas sentenças ou acórdãos. A pauta prioritária é o combate à lentidão, a ampliação do acesso popular à Justiça, e a adoção de práticas gerenciais eticamente mais rigorosas. É, pois, uma desafiadora demanda por novas opções políticas, econômicas, administrativas e culturais — não jurisdicionais. Esta pauta exige de todos uma compreensão cada vez mais detalhada e rigorosa de um Judiciário múltiplo, múltiplo em múltiplos aspectos, como fez Maria Tereza.

Enquanto a reforma do Judiciário foi vista apenas como um desafio de mudança de leis diretamente relacionadas ao exercício jurisdicional, ela não avançou. Aliás, regrediu. Tomem-se, por exemplo, as justificativas e estudos referentes aos projetos de lei que criaram e alteraram nos últimos anos o direito processual brasileiro. Raramente incluem qualquer justificativa com base em análise econômica ou administrativa. Parcela significativa do pensamento jurídico-processual brasileiro teve até agora um desprezo olímpico em relação ao impacto das normas processuais nos orçamentos dos tribunais, no custo das ações para a população e na lentidão do processo decisório. Raramente, se não mesmo nunca, estes doutrinadores e legisladores se perguntaram: esta proposta de reforma recursal vai ampliar ou diminuir a exclusão de milhões de brasileiros das decisões dos tribunais? Vai aumentar ou diminuir os custos previstos no orçamento do Poder Judiciário? Desconheço qualquer simulação ou estudos de cenário sobre estes impac-

---

[42] Glaeser et al., 2003.

O MÚLTIPLO JUDICIÁRIO

119

tos vitais para a administração da Justiça e, conseqüentemente, para a formulação de políticas públicas capazes de contribuir para a construção de um Judiciário mais independente de interesses corporativos.

Esse desprezo olímpico tem várias origens. Uma delas é o isolacionismo analítico que a visão do direito como norma tem como subproduto. Enquanto a questão da celeridade das decisões ficou exclusivamente na mão de advogados e juristas processualistas, essa visão prevaleceu e pouco se avançou. Tão ou mais importante do que avaliar a legalidade dos projetos de reformas infraconstitucionais do direito processual é analisar e avaliar seu impacto, sobretudo econômico, no dia-a-dia da gestão da Justiça. Tanto que, ainda pela pesquisa de Maria Tereza, 93,5% dos juízes consideram necessário reduzir o número de recursos para os tribunais superiores. Foi preciso que outros atores entrassem na contenda — os juízes (na qualidade de responsáveis pela administração da Justiça), o Poder Executivo e a opinião pública — para que o isolacionismo analítico, fruto de uma concepção apenas normativa do jurídico, perdesse terreno, e considerações econômicas, gerenciais e políticas fossem também formuladas. Gilberto Amado dizia com perspicácia que "querer ser mais do que se é é ser menos". A perspectiva baseada na unicidade normativa como expressão da soberania pode ser adequada para o exercício da função jurisdicional, para o dizer da lei, como bem diz o ministro Peluso. Mas para sozinha fundamentar políticas públicas judiciais que visem à ampliação do acesso à Justiça e à maior celeridade administrativa definitivamente não é. Há que se buscar o aporte de outras análises e, assim, descobrir os múltiplos judiciários.

No fundo, a realidade judicial a transformar não é uma realidade homogênea, una e coerente. É justamente o contrário. Não existe um Poder Judiciário. Existem múltiplos poderes judiciários, se os encaramos do ponto de vista organizacional, econômico, sociológico ou político. Existe uma multiplicidade quase palpável, de se pegar com a mão, diria certamente Gilberto Freyre. É o que demonstra à fartura esta pesquisa de Maria Tereza, como se verá adiante.

Tudo é questão de qual perspectiva analítica se escolhe e quais as conseqüências da aplicação prática desta escolha. Na verdade, por mais paradoxal que possa parecer, o Poder Judiciário pode ser e é uno e múltiplo ao mesmo tempo. O que não é difícil de entender. Basta levarmos em consideração que são múltiplos os papéis e responsabilidades que um Poder Judiciário exerce simultaneamente na sociedade. De acordo com o papel enfatizado, saltam aos olhos características fundamentais diferentes. O desafio é não usar para compreender e reformar um

120 MAGISTRADOS

determinado papel visões, critérios, padrões e objetivos que são adequados a outros. Dever-se-ia seguir a advertência de Bossuet: "*Tiens toi a ton sujet*".

Tomemos, por exemplo, dois dos principais papéis exercidos pelo Judiciário brasileiro, além do seu papel estruturante que é o de definidor da legalidade. São eles o de administrador da infra-estrutura que viabiliza a função de dizer o direito, e o de produtor de uma cultura de Justiça, que é responsável por determinar o conteúdo da legalidade. São papéis distintos, ainda que com objetivo comum: viabilizar a jurisdição. Mas cada um tem características próprias, a demandar políticas públicas específicas.

Como definidor da legalidade no exercício da jurisdição, o Poder Judiciário é uno. Mas como administrador da infra-estrutura administrativa necessária a esta tarefa e produtor da cultura da Justiça não o é. A divisão racional de trabalho — diz o ministro Peluso, com base na doutrina — exige múltiplas organizações. Exige um Judiciário múltiplo. No âmbito do papel de administrador, por exemplo, existem pelo menos três grandes clivagens que tornam a organização judicial um sistema heterogêneo, múltiplo e complexo. Na verdade, o Poder Judiciário é dividido em autonomias múltiplas.[43] A primeira clivagem diz respeito à opção por justiças especializadas. Temos múltiplas especializações — cível, trabalhista, eleitoral e militar. A segunda diz respeito à hierarquização organizacional: tribunais superiores, tribunais estaduais, varas e juizados. Finalmente, uma terceira clivagem reflete a estrutura federativa: Justiça Federal e Justiça Estadual.

Em cada um desses níveis, os tribunais de um Estado são geográfica e internamente distintos dos de outros. O critério fundamental desta multiplicidade administrativa é a opção organizacional feita pela própria Constituição, quando concretiza, em seus arts. 96 e 99, o princípio da autonomia administrativa e financeira dos tribunais:

Art. 96. Compete privativamente:

I – aos tribunais:

a) eleger seus órgãos diretivos e elaborar seus regimentos internos, com observância das normas de processo e das garantias processuais das partes, dispondo sobre a competência e o funcionamento dos respectivos órgãos jurisdicionais e administrativos;

b) organizar suas secretarias e serviços auxiliares e os dos juízos que lhes forem

---

[43] Sobre a questão, cf. Falcão (2005).

O múltiplo Judiciário

121

vinculados, velando pelo exercício da atividade correicional respectiva.
(...)

Art. 99. Ao Poder Judiciário é assegurada autonomia administrativa e financeira.
§1º Os tribunais elaborarão suas propostas orçamentárias dentro dos limites estipulados conjuntamente com os demais Poderes na lei de diretrizes orçamentárias.

Em nome dessa autonomia, os tribunais estaduais estruturaram-se de maneira diversificada, não necessariamente homogênea. Às vezes podem até se parecer, mas dificilmente se igualam. No Rio de Janeiro, por exemplo, foram criadas varas empresariais especializadas, que não existem em São Paulo. Mas o Tribunal de Justiça de São Paulo, por outro lado, implementou varas de acidentes de trabalho. Já em Mato Grosso funciona um Juizado Volante Ambiental — uma justiça especializada itinerante e informatizada, que vai até o local e decide na hora as infrações ao meio ambiente.[44]

O importante é notar que esta multiplicidade organizacional não tem um valor *per se*. Não deve ser vista com um fim em si mesma. Não é verdade absoluta. Não foi e não é a única opção que a história nos oferece. Ao contrário, é apenas um meio que se subordina a um fim — a construção do Estado Democrático de Direito. E que pode ser mudado quando não nos conduz ao fim desejado pela democracia. Foi justamente quando o país se deu conta de que a autonomia não estava levando a uma Justiça célere, de acesso popular e eticamente impecável que uma nova opção institucional foi feita: a constitucionalização do Conselho Nacional de Justiça, com poderes para fiscalizar e controlar os inadequados excessos no exercício desta autonomia. O que, diga-se a propósito, não implica a homogeneização das diversas justiças. Não traz necessariamente a opção por um modelo organizacionalmente unificado. Há que se levar em conta a multiplicidade das clivagens acima mencionadas.

---

[44] O Juizado Volante Ambiental foi o vencedor do I Prêmio Innovare — O Judiciário do Século XXI (2004), na categoria Juiz Individual (o responsável pela concepção e implementação do projeto foi o juiz Licínio Stefani). Outros exemplos de práticas inovadoras implementadas pela iniciativa e na liberdade de organização dos tribunais podem ser encontradas na obra *A reforma silenciosa da Justiça* (org. Centro de Justiça de Sociedade da Escola de Direito do Rio de Janeiro da Fundação Getulio Vargas. Rio de Janeiro: 2005). Mais informações sobre o Prêmio Innovare — que já passou pela segunda edição — estão disponíveis no site <www.premioinnovare.com.br>.

Da mesma maneira, se enfocarmos o Poder Judiciário como um dos produtores do valor Justiça, da cultura jurídico-judicial (ou, como preferem alguns, como produtor da ideologia ou da doutrina jurídica) adequada à resolução dos conflitos sociais e à legitimação do uso da força legal, dificilmente poderemos concluir que estamos diante de um Judiciário homogêneo. Ao contrário. Estamos diante de um Judiciário que estrutura esta produção a partir de um complexo sistema de posições e entendimentos contraditórios, recursos, revisões e escolhas entre doutrinas, teses e teorias sobre a Justiça incompatíveis. Em certo sentido, o Judiciário é uma arena onde doutrinas e ideologias jurídicas se consubstanciam e se conflitam através de acordos, despachos, relatórios, pareceres, memoriais e sentenças. Uma arena onde todos se pacificam e se digladiam ao mesmo tempo. Mais: é a arena condição indispensável para uma solução democrática dos conflitos. Um aberto pluralismo jurídico-cultural, conflitante às vezes, concordante outras, é a fonte de sobrevivência, convivência e progresso democrático. O Judiciário também não é uno doutrinariamente. É múltiplo.

Essa diversidade, essa pluralidade, essa multiplicidade, esse contraditório em cada juiz e em cada tribunal moldam um Judiciário culturalmente múltiplo, que é a característica básica de seu papel como produtor de cultura jurídico-judicial e que viabiliza o exercício da unicidade jurisdicional, viabiliza seu papel de definidor da legalidade. Permitam-me apenas um exemplo.

A cada dia, fica mais nítido no âmbito da hermenêutica um destes embates culturais fundamentais. De um lado, os que interpretam a lei também a partir dos princípios. De outro, os que interpretam a lei exclusivamente a partir das regras. Aqueles estimulados e privilegiando a inovação interpretativa e as potencialidades da Constituição de 1988. Estes, mais voltados para a legislação infraconstitucional — mais detalhada —, baseados em uma visão mais seqüencial de segurança jurídica. Aqueles privilegiando a interpretação sistêmica. Estes, a interpretação literal. O resultado deste embate cultural e doutrinário é uma produção judicial inicialmente caótica e que só pode ser compreendida a partir de uma visão múltipla do Poder Judiciário.

No que diz respeito à reforma do Judiciário, o problema não é a multiplicidade de papéis, ou as múltiplas visões analíticas. O problema é termos adotado o diagnóstico da visão normativa — a do Judiciário uno, que é fundamental para o papel de definidor da legalidade — para embasar as soluções, estratégias e prioridades das políticas públicas judiciais adequadas que buscam a maior celeridade decisória, adequadas ao outro papel: o de administrador da infra-estrutura que viabiliza a jurisdição. Esta troca foi erro grave. Provocou um diagnóstico irrealista, donde inadequados com certeza terão sido os remédios.

O múltiplo Judiciário

Se, no entanto, reconhecemos a realidade judicial a mudar como uma realidade heterogênea e complexa, poderemos, aí sim, começar a formular políticas públicas mais eficazes, mais capazes de controlar e reformar a realidade indesejada. A partir daí, a pergunta que se impõe é: o que causa esta multiplicidade? Além de opções políticas organizacionais, pode haver uma explicação sociológica segura? Quais seriam então as variáveis possivelmente dotadas de algum poder explicativo?

É justamente neste ponto que a pesquisa de Maria Tereza Sadek se torna fundamental. Ela nos ajuda a entender e, portanto, a lidar com o Judiciário múltiplo. Variáveis como sexo, idade, região, IDH e posição na hierarquia judicial são extremamente úteis para a formulação de políticas públicas judiciais dotadas de maior efetividade, como assinala o ministro Nelson Jobim. Ao nos permitir relacionar as opiniões dos juízes com seu perfil sociológico e com a múltipla estrutura organizacional básica do Poder Judiciário, Maria Tereza presta contribuição inestimável. Para fins da reforma, não é mais possível falar no Judiciário como um todo homogêneo. Estamos diante de um Poder fragmentado. Se as políticas públicas não perceberem esta realidade, dificilmente a reforma se fará. Como Eça de Queiroz, poderíamos dizer que a pesquisa comprova que, sob o manto diáfano da unicidade jurisdicional, surge a nudez crua do pluralismo organizacional, doutrinário e social.

Mais uma vez, o exemplo do nepotismo é extremamente ilustrativo para demonstrar a importância de pesquisas dessa natureza na formulação das políticas públicas judiciais. Ao contrário do que se poderia crer, a política de contratação de parentes para cargos de confiança não era uma prática que legitimamente representasse todo o Judiciário. Contava com a aprovação de uma parcela amplamente minoritária dos magistrados. Seja por motivos ético-jurídicos, seja por motivos de eficiência administrativa, ou ainda por outros motivos, foi um critério de seleção de recursos humanos da preferência de poucos administradores de tribunais. Segundo a pesquisa, a proibição do nepotismo conta com o apoio de 68,4% dos juízes em atividade, sendo que somente 23,8% são contra a medida.[45] É como se o nepotismo explicitasse no conjunto da Justiça brasileira a prática e os interesses de uma minoria. Aliás, inexistem na literatura contemporânea sobre recursos humanos teses, estudos de caso ou propostas que defendam a contratação de parentes como mecanismo de maximizar a eficiência organizacional, tal como praticada até então em larga escala no Judiciário.

---

[45] Entre os juízes, 6,2% são indiferentes à vedação de nepotismo.

Detalhando melhor a composição do percentual de magistrados favoráveis à proibição, constatamos que, quanto menos tempo de profissão tem o juiz, mais contrário ao nepotismo ele é. Segundo os dados apresentados por Maria Tereza, entre os magistrados que estão na carreira há menos de cinco anos, o apoio à proibição de contratação de parentes chega a 74,8%. Nos grupos com tempo de atuação de seis a 10 anos e 11 a 20 anos, o percentual baixa para 73,1% e 70,2%, respectivamente. Entre os magistrados com 21 anos ou mais de carreira, cai para 59,6%. O que nos permite pelo menos duas conclusões em relação à formulação de políticas públicas.

Primeiro, na medida em que a proibição do nepotismo muito resultou da pressão da opinião pública e correspondeu a uma explícita demanda social, o juiz mais novo — ao contrário do mais antigo — é mais responsivo aos reclamos da sociedade. Seria mais permeável.

Segundo, esses e outros dados da pesquisa parecem sugerir que não estamos mais diante de um Judiciário tão isolado socialmente quanto o foi no passado. Em outras palavras, e por analogia, o isolamento jurisdicional a que uma concepção dogmática do direito, extrapolando a doutrina jurídica, voluntária ou involuntariamente levou e um isolacionismo profissional, que conduzia a prática profissional do antigo juiz, tendem a não mais prevalecer no juiz mais jovem.

As políticas judiciais devem de agora em diante levar em conta este novo padrão de permeabilidade do juiz para com a sociedade, que começa a despertar, não somente em relação às possibilidades que oferece como também em relação aos perigos que anuncia.

Eis aí, pois, o contexto referencial a partir do qual sugerimos analisar a pesquisa de Maria Tereza. Esse contexto caracteriza-se por três características principais: a) o diagnóstico de um múltiplo Judiciário; b) este diagnóstico pode fundamentar novas políticas públicas judiciais; c) e, finalmente, estas políticas assim fundamentadas estarão mais aptas para contribuir com a reforma em favor de um Judiciário socialmente mais igualitário e mais acessível à população, politicamente mais poderoso e democrático, e administrativamente mais rápido e ético.

Embora seja evidente a existência ainda de um núcleo de opiniões comuns a todos os magistrados — talvez ainda majoritariamente, como, aliás, assinala o desembargador Sidnei Beneti em seu texto para este livro —, neste capítulo adotamos como foco a busca de fundamentação para a tese da multiplicidade.[46] Nesse

---

[46] No capítulo "Falam os juízes na pesquisa da AMB", que integra este livro, Sidnei Beneti fala expressamente de sua "firme conclusão de igualdade de pensamento entre os gêneros, entre inativos e em atividade, originários da carreira da magistratura e do quinto constitucional".

O múltiplo Judiciário 125

sentido, centramos nossa análise dos dados em três hipóteses principais: a) a da existência de uma clivagem entre juízes e desembargadores, entre o 1º e o 2º graus; b) a da especificidade das juízas - jovens, críticas e pragmáticas; c) e, finalmente, a da existência de atitudes e opiniões diferentes entre as regiões geográficas, exemplificada nas diferenças entre juizes sulistas e nordestinos. Para fundamentar essas eventuais diferenças, não utilizamos como critério decisivo o da rigorosa significância estatística. Optamos por identificar um conjunto de dados que, apontando numa direção, em oposição a um outro conjunto, acabe por revelar tendências para o futuro, mais do que expressar situações cristalizadas.

Juízes *versus* desembargadores

A pesquisa de Maria Tereza Sadek demonstra claramente que, embora exista um núcleo de opiniões idênticas entre juízes e desembargadores, a distância que os separa em torno de alguns temas fundamentais pode estar em processo de crescimento. Sobretudo quando estão em jogo a administração do Poder Judiciário e a sua independência em relação a alguns grupos e instituições nacionais.

Concordam juízes e desembargadores que o Judiciário deve ter o monopólio da prestação jurisdicional, à qual devem estar subordinadas todas as formas alternativas de resolução de conflitos. Avaliam de forma significativamente similar o desempenho das Escolas da Magistratura na preparação de novos juízes e a atuação dos advogados no tocante à celeridade processual. Ambos condenam a política social e econômica do governo Lula, e ambos gostariam de ver um Supremo Tribunal Federal formado apenas por membros da carreira da magistratura, desaprovando o modelo atual de nomeação dos ministros. Ambos utilizam preponderantemente parâmetros legais na formulação de suas sentenças, deixando as conseqüências econômicas para um segundo plano. Ambos apresentam posições quase idênticas quanto à ampliação da competência dos juizados especiais cíveis. Ambos são radicalmente contrários a qualquer tipo de participação político-partidária por parte dos magistrados, e favoráveis à elaboração de planos de gestão vinculantes para a administração dos tribunais. Além disso, a imensa maioria de juízes e desembargadores considera necessário reduzir as possibilidades de recursos para os tribunais superiores.

Concordância em relação a temas, por grau da Justiça, em %

	1º grau	2º grau
O Poder Judiciário dever ter monopólio da prestação jurisdicional	90,1	88,7
Todas as formas alternativas de solução de conflitos devem estar subordinadas ao Poder Judiciário	79,7	79,4

Avaliação das Escolas da Magistratura, por grau da Justiça, em notas de 0 a 10

	1º grau	2º grau
Processo de preparação de candidatos para ingresso na magistratura	6,3	6,6

Avaliação da atuação de advogados no âmbito processual, por grau da Justiça, em %

	1º grau				2º grau			
	Muito boa/Boa	Regular	Ruim	Sem opinião	Muito boa/Boa	Regular	Ruim	Sem opinião
Celeridade processual	20,4	46,0	31,2	2,4	22,5	42,5	30,0	5,1

Avaliação do governo Lula, por grau da Justiça, em %

	1º grau				2º grau			
	Muito bom/Bom	Regular	Ruim	Sem opinião	Muito bom/Bom	Regular	Ruim	Sem opinião
Política econômica	23,7	36,9	37,4	2,1	26,9	31,4	38,6	3,1
Política social	7,8	31,0	59,1	2,1	8,8	25,2	63,4	2,6

Avaliação de propostas por instância, em %

	1º grau				2º grau			
	Favorável	Indiferente	Contrário	Sem Op.	Favorável	Indiferente	Contrário	Sem op.
Reduzir possibilidade de recursos aos tribunais superiores	89,5	1,4	7,2	1,9	88,2	1,3	8,4	2,1
Ampliação da competência dos JECs	60,6	8,5	25,6	5,3	59,9	7,5	25,4	7,2
Estabelecimento de planos plurianuais de gestão administrativa de caráter vinculante	62,8	11,7	8,5	17,0	59,5	9,8	16,3	14,3
Participação político-partidária de magistrados	9,3	2,7	85,8	2,2	7,9	2,3	86,7	3,1

Fonte: Pesquisa AMB, 2005.

Existe, porém, um núcleo de temas fundamentais no qual intensidades desiguais e divergências se insinuam, crescem e aparecem. A maioria dos juízes (50,5%) considera ruim a agilidade da Justiça, contra menos da metade dos

O MÚLTIPLO JUDICIÁRIO

desembargadores (43,9%). Discordam também sobre uma maior participação dos juízes de 1ª instância na administração dos tribunais. A maioria dos juízes quer participar da elaboração dos orçamentos (80,2%), mas apenas 48,4% de desembargadores apóiam a idéia. Mais: 85,8% dos juízes querem eleições diretas para direção dos Tribunais de Justiça e Tribunais Regionais, contra apenas 52,6% dos desembargadores. Ou seja, a democratização da gestão tende a separá-los.

Os juízes são decididamente favoráveis à extinção do quinto constitucional como forma de ingresso na magistratura (74,8%), à aposentadoria dos juízes aos 70 anos (78,5%) e à votação aberta para promoção dos magistrados (92,1%) — como, aliás, já determinou o Conselho Nacional de Justiça. Nesses pontos, os desembargadores hesitam. O entusiasmo é menor. Em compensação, os desembargadores mobilizam-se mais do que os juízes com a proposta de instituição de súmula vinculante para decisões do STJ e do TST (38,7% de aprovação, contra 28,3% entre os juízes) e com a limitação do período de eficácia das liminares (62,6% contra 51,6%). Ou seja, a concentração do poder jurisdicional tende a separá-los.

Como já assinalamos, o nepotismo foi rejeitado pela expressiva maioria de 68,4% dos magistrados. Quando analisamos esse dado em detalhe, porém, diferenças entre juízes e desembargadores aparecem. Enquanto 71% dos juízes são a favor da proibição do nepotismo, apenas 58,4% dos desembargadores apóiam a medida. Aliás, a juventude parece ser aqui um fator preponderante a explicar a atitude dos juízes. Como já observado, quanto mais novos na profissão, mais se posicionam contra o nepotismo. Entre os juízes com apenas cinco anos de carreira 74,8 % são contra o nepotismo, contra apenas 59,6% dos que têm mais de 21 anos de carreira. Uma interpretação cínica deste dado diria que os jovens juízes ainda não aproveitaram as benesses do nepotismo. Seria apenas uma questão de tempo. Esta versão é perigosa. Ignora a sensibilidade dos juízes mais jovens — sobretudo as magistradas — à crescente demanda da sociedade brasileira por um comportamento mais ético no trato da *res publica*, que também é sua.

No que se refere às relações com instituições e grupos de pressão nacionais, o cerne da questão é a independência da cúpula do Judiciário. Justamente quem tem a palavra final na definição da legalidade. No que se refere à imparcialidade de tribunais superiores — Supremo Tribunal Federal, Superior Tribunal de Justiça e Tribunal Superior do Trabalho —, os juízes os consideram sistematicamente menos imparciais do que os desembargadores. Esta situação agrava-se quando se enfoca o Supremo, tratado mais benevolentemente pelos desembargadores, que o percebem como mais independente das forças econômicas privadas. O quadro a seguir mostra uma primeira instância sistematicamente mais crítica do que a segunda instância em relação à atuação do Supremo, do TST e do STJ.

Avaliação do STF, médias de notas de 0 a 10, por instância, em %

	1ª instância	2ª instância
Independência em relação ao Executivo	3,7	4,4
Independência em relação ao Congresso	5,1	5,8
Relação com os demais tribunais superiores	6,5	6,8
Relação com a magistratura	5,0	5,5
Relação com associações de classe	4,8	5,3
Independência em relação às forças econômicas privadas	4,6	5,5

Avaliação do Judiciário em termos de imparcialidade, por instância, em %

	1º grau				2º grau			
	Bom/Boa*	Regular	Ruim**	Sem op.	Bom/Boa*	Regular	Ruim**	Sem op.
TST	29,5	20,8	12,0	37,7	32,4	21,8	9,5	36,3
STJ	38,4	27,3	17,7	16,7	44,8	26,4	12,7	16,1
STF	25,9	26,0	34,2	13,9	34,8	27,0	24,1	14,1

Fonte: Pesquisa AMB, 2005
*Soma das notas "muito bom" e "bom"; **soma das notas "ruim" e "muito ruim".

Na verdade, as relações entre desembargadores e juízes, 1ª e 2ª instâncias, encontram-se em momento delicado. Pelo menos duas grandes questões envolvem estas relações.

A primeira é fundamental para a formulação de uma política pública judicial concernente à reforma administrativa dos tribunais. Como democratizar a administração da Justiça? Muitos juízes consideram que a atual estrutura, definida inclusive pela Loman, é herança do regime autoritário e deve ser revista — como já está sendo, aliás, sob a égide da Constituição democrática de 1988, da Emenda nº 45/04 e do Conselho Nacional de Justiça. Questões como a publicidade das decisões de promoção por merecimento e remoção de magistrados e escolha e composição dos órgãos diretivos dos tribunais, entre outras, mobilizam e opõem cada vez mais juízes e desembargadores. No fundo, dificilmente poderíamos dizer que dois princípios democráticos da Constituição de 1988 — publicidade e participação — tenham sido princípios geradores da Loman, tal como foram e continuam sendo na reforma do Judiciário.

Hoje, a reforma democrática do Judiciário questiona dois dos critérios que, às vezes mais e às vezes menos explicitamente, moldaram e ainda moldam a atual administração do Judiciário: o critério da antiguidade como prioritário para esco-

O MÚLTIPLO JUDICIÁRIO

129

lha dos ocupantes dos cargos diretivos e o critério da hierarquia jurisdicional como legitimador da hierarquia administrativa.

O critério da antigüidade cumpriu a função de apaziguar os tribunais, na medida em que, por ser de aferição objetiva, neutralizou ou pelo menos amorteceu a intensidade das disputas políticas internas. Disputas estas essencialmente entre grupos concorrentes de desembargadores. Era, pois, conflito horizontalizado. Hoje, esta disputa, além de se verticalizar, tende a se transformar em uma perigosa tensão entre desembargadores e juízes, entre os mais antigos e os mais novos. Sem falar que é no mínimo matéria para reflexão a presunção de que quanto mais antigo o juiz, mais eficiente é administrativamente. Diante da complexidade cada vez maior da gestão institucional, a exigir conhecimentos específicos — estatísticos, gerenciais e tecnológicos, por exemplo —, além do necessário aumento na agilidade decisória, o critério da antigüidade não parece ser exclusivamente o mais adequado. O preço que os tribunais estariam pagando pela eventual pacificação obtida com o critério da antiguidade seria o conservadorismo administrativo. O que é grave, diante da natureza da reforma que se exige. Um aspecto é hierarquia jurisdicional e méritos jurisdicionais; outro é hierarquia administrativa e méritos gerenciais.

É compreensível que, em nome da segurança jurídica, os desembargadores sejam mais favoráveis à súmula vinculante do que os juízes. Mas não é tão compreensível entender a suposição de que um melhor julgador, ou um julgador mais experiente, seja necessariamente um melhor administrador. Na verdade, estes critérios não são um fim em si mesmos. Eles agora estão em xeque porque, como critérios-meio, teriam contribuído para que o Judiciário não cumprisse o ideal social de uma Justiça ágil e acessível a todos. Diante dos novos tempos — os da democracia e dos complexos desafios gerenciais —, fica claro que o Judiciário vai ter de se reinventar administrativamente para atender à crescente demanda social. Do contrário, será impossível concretizar um dos ideais comuns de juízes e desembargadores: o ideal do monopólio da prestação jurisdicional como forma de resolução de conflitos. A sociedade vai inventar meios alternativos de resolver suas disputas — legais, ilegais ou paralegais. Como já ocorre, aliás. Será um monopólio formal, mas não real.[47]

Esta reinvenção não será fácil. Não está sendo fácil. Para que seja bem-sucedida, deverá escapar tanto da rígida estrutura hierarquizada de hoje, quanto

---

[47] Sobre o tema, cf. Joaquim Falcão, "O monopólio da Justiça", publicado no jornal *O Globo* de 27 jun. 1993.

130 MAGISTRADOS

de um democratismo que acabe por transformar a regra da maioria na ditadura da maioria e num paralisante processo decisório.

A segunda grande questão que pode separar juízes e desembargadores é: quem representa hoje os juízes brasileiros fora dos autos? Seja nas discussões que interessam à classe — como questões salariais e orçamentárias —, seja diante do Congresso Nacional — na discussão de anteprojeto de leis processuais —, seja em suas relações com a sociedade e com a mídia? Um dos fenômenos que ganhou corpo com a democratização foi o surgimento e consolidação das associações de classe, estranhas à estrutura constitucional do Poder Judiciário, mas intimamente a ele vinculadas e com influência política crescente, como AMB, Ajufe e Anamatra, por exemplo. Nestas associações, inexistem diferenças entre desembargadores e juízes, ou entre juízes da ativa e juízes aposentados. Mas os recentes episódios do nepotismo e da fixação do teto remuneratório já permitem entrever questionamentos sobre a homogeneidade da representatividade destas associações.

Enquanto a AMB liderava o apoio à proibição do nepotismo — e tinha de ser assim, afinal a maioria de seus associados são juízes jovens [48] —, os desembargadores com responsabilidade de cargos de direção — muitos dos quais contrários à proibição — agruparam-se em torno do Colégio dos Presidentes de Tribunais. Vale notar que grupos de desembargadores já pensam em criar sua própria associação, distinta das atuais, que tenderia apenas a favorecer as posições dos juízes de 1ª instância e a dos desembargadores que ocupam cargos diretivos. Os desembargadores seriam uma classe ainda sem representação institucional para defender não apenas seus interesses materiais, mas também sua visão de administração judicial que tenderia a se afastar mais e mais da visão dos juízes mais jovens. O desafio na criação dessa instituição seria a definição do seu programa de ação — um programa que escape do mero conservadorismo, de simplesmente manter posições, e proponha outras alternativas de mudança.

O que ocorreu diante do nepotismo e da fixação do teto salarial é um exemplo do que pode vir a acontecer se as posições se mostrarem inflexíveis, incapazes de negociação interna, aumentando a distância entre juízes e desembargadores: a fragmentação cada vez maior da representatividade política, profissional e social dos magistrados. Será essa fragmentação realmente inevitável? É ela positiva ou

---

[48] Na época da realização da pesquisa, a AMB contava com 11.286 associados, dos quais 9.942 são magistrados em atividade. Segundo a pesquisa de Maria Tereza Sadek, entre os juízes da ativa que responderam à pesquisa, a idade média é de 44,4 anos.

O MÚLTIPLO JUDICIÁRIO 131

negativa para a democracia? Explicitará a politização crescente da magistratura? É isto conveniente? Ou aumentará as possibilidades de reforma?

Juízas jovens, críticas e pragmáticas

Existe um núcleo que tende a ser cada vez mais o motor das mudanças do Poder Judiciário: são as jovens juízas, em crescente número. Para começar, existe uma evidente feminização do Judiciário. Maria Tereza Sadek observa que, até o final dos anos 1960, apenas 2,3% dos magistrados eram mulheres. No fim da década de 1970, a participação feminina subiu para 8%. Em 1993, foi a 11%, e em 2005 pulou para 22,4%.[49]

Tendo em vista que a entrada na magistratura se dá em média 6,5 anos após a graduação, a tendência à juvenilização e a tendência à feminização caminham juntas. A presença masculina no Judiciário cresce à medida que se passa dos mais jovens para os mais idosos. O inverso acontece com a participação feminina: é tanto mais alta quanto menor a faixa etária, diz Maria Tereza.

Distribuição dos magistrados, por faixa etária e gênero, em %

Faixa etária	Masculino	Feminino	Total
Até 30 anos	66,6	36,4	5,4
31 a 40	67,6	32,4	23,0
41 a 50	73,3	26,7	24,7
51 a 60	80,9	19,1	22,1
61 ou mais	91,5	8,5	24,8

Fonte: Pesquisa AMB, 2005.

Elas são mais críticas sobre a atuação da OAB e dos advogados. Mais do que os juízes, criticam o conhecimento técnico dos advogados. Consideram que a ordem não cuida bem do aprimoramento profissional de seus associados, nem fiscaliza como deveria o exercício da advocacia. Estamos aqui falando de um mais rigoroso controle que a OAB deveria exercer sobre o desempenho ético dos advo-

---

[49] Dados dos anos 1960 e 1970 e de 2005 extraídos da pesquisa "Magistrados: uma imagem em movimento", de Maria Tereza Sadek, que integra este livro. Dados referentes ao ano de 1993 extraídos do estudo "Quem são e o que pensam os magistrados", de Maria Tereza Sadek (1995).

gados. Enquanto 57,7% dos juízes consideram a fiscalização da ordem muito ruim nesse sentido, o número sobe para 65,2% quando se consideram as juízas.

A mesma atitude crítica pode ser encontrada na avaliação do governo Lula. Entre as juízas 63,5% desaprovam a maneira como o governo trata o Judiciário; 61,5% consideram a política social muito ruim e 41,3% desaprovam a política econômica.

Outro alvo institucional é o Supremo Tribunal Federal. Exceto no que se refere às relações com a magistratura, em todos os outros quesitos — como independência em relação ao Executivo e ao Legislativo ou qualidade das relações com os tribunais superiores e com as associações de magistrados — elas são mais críticas do que os juízes. Especialmente quando avaliam a independência do STF em relação às forças econômicas privadas. De 0 a 10, o Supremo obteve das juízas nota 4,4 nesse quesito. Resta saber se a situação será ou não modificada nos próximos anos, quando, pela primeira vez, uma mulher, a ministra Ellen Gracie, assumirá a presidência do STF.

Além de críticas, as jovens juízas têm nítida posição em favor de maior participação dos juízes nas decisões administrativas fundamentais, isto é, de uma gestão mais democrática do Poder Judiciário. Enquanto 70,6% dos juízes defendem maior participação dos magistrados de 1º grau na elaboração dos orçamentos dos tribunais, esse número sobe para 78,3% quando focamos as juízas. Enquanto 75,1% dos juízes defendem eleição direta para órgãos de direção dos tribunais regionais e estaduais, 86,4% das juízas aprovam a idéia.

Questionados se as decisões judiciais deveriam orientar-se preponderantemente por parâmetros legais ou pelas conseqüências econômicas e sociais da decisão, magistrados de ambos os sexos consideram que os parâmetros legais têm primazia. Ou seja, o juiz brasileiro, diferentemente do que sugerem outras pesquisas, afirma decidir, antes de tudo, com base na lei. Na verdade, nenhum juiz decide sem estar baseado — no mínimo como aspiração de boa-fé — em algum artigo de alguma lei. O juiz, qualquer juiz, é formado para partir da lei — o ponto fixo dogmático, no dizer de Tércio Sampaio Ferraz Jr. Nenhum juiz fundamenta e estrutura sua sentença tendo como referência básica a Bíblia, uma notícia de jornal, uma estatística do IBGE ou uma pesquisa de opinião do Ibope. Estes fatores eventualmente podem até aparecer no correr da argumentação judicial, mas sempre como elementos para auxiliar na interpretação e aplicação de um dispositivo legal, do qual se partiu. Neste sentido, a dicotomia entre fundamentar a decisão na lei ou nas conseqüências sociais é irrealista e revela uma incompreensão do processo decisório dos juízes. No direito e na prática judicial não são alternativas excludentes.[50]

O juiz pode decidir com base na lei e, mesmo assim, levar em conta considerações relativas às conseqüências da decisão. Aliás, é o que determina o art. 5º da Lei de Introdução ao Código Civil (Decreto-lei nº 4.657/42):

> Art. 5º. Na aplicação da lei, o juiz atenderá aos fins sociais a que ela se dirige e às exigências do bem comum.

A vinculação de institutos jurídicos — e, conseqüentemente, da decisão judicial — a certas finalidades sociais encontra eco em diversos outros pontos do ordenamento jurídico. O Código Civil, por exemplo, estabelece:

> Art. 1.228. (...)
> §1º. O direito de propriedade deve ser exercido em consonância com as suas finalidades econômicas e sociais e de modo que sejam preservados, de conformidade com o estabelecido em lei especial, a flora, a fauna, as belezas naturais, o equilíbrio ecológico e o patrimônio histórico e artístico, bem como evitada a poluição do ar e das águas.

Levar em conta os fins sociais da norma e as "exigências do bem comum" certamente incluirá em muitos casos levar em conta as conseqüências econômicas da decisão; da mesma forma, para discutir em juízo se determinado uso da propriedade tem ou não função social, é preciso analisar o seu impacto no meio ambiente e no patrimônio histórico e artístico nacional. Aliás, qualquer que seja a sentença, A ou B, pró-devedor ou pró-credor, sempre terá algum impacto na vida social e na economia. A questão é saber qual pode e deve ser o peso dessas conseqüências na decisão — o grau de explicitação deste peso na fundamentação da decisão e a influência das conseqüências na orientação da decisão e, à la limite, no próprio conceito de Justiça adotado pelo juiz. Estes são os pressupostos da deci-

---

[50] Nesse sentido, a pergunta feita aos juízes por Armando Castelar na pesquisa *Judiciário, reforma e economia: a visão dos magistrados* (São Paulo: Idesp, 2002) sobre o que privilegiariam na decisão judicial — "respeito aos contratos" ou "promoção da justiça social" — parte de uma dicotomia que inexiste na realidade jurídica. Dependendo das normas jurídicas em jogo, em muitos casos decidir com base na lei pode significar se pautar pela diminuição das desigualdades sociais; em outras situações, será também o próprio direito que determinará o afastamento do contrato celebrado entre as partes. A dicotomia "justiça social" *versus* "contratos" é incapaz de dar conta dos complexos problemas de fundamentação envolvidos na decisão judicial.

134 MAGISTRADOS

são judicial, a partir dos quais — aí sim — se poderiam formular questões que captassem uma eventual tendência pró-devedor ou pró-credor.

Esta observação metodológica é importante, porque uma das críticas de alguns setores empresariais nacionais e multinacionais ao desempenho dos juízes brasileiros é que eles "quebram contratos" e "favorecem o devedor" porque não cumprem a lei.[51]

Neste sentido, a pesquisa de Maria Tereza, embora não entre diretamente neste debate, faz a pergunta metodologicamente correta e restaura o óbvio. Recoloca a questão em termos mais adequados. Juízes e juízas decidem com base na lei (87,2% e 84,2%, respectivamente). Nem por isso deixam de considerar tanto as conseqüências sociais, quanto as econômicas; são fatores não-excludentes. Nesse aspecto, o que distingue juízas e juízes é que, na aplicação da lei, elas dão mais valor às conseqüências sociais (88% contra 75,7%) e econômicas (46,4% contra 33,6%). Um dos motivos para essa diferença talvez seja a crescente presença delas nos juizados especiais, onde lidam com as pequenas causas que afligem o consumidor, o aposentado, o contribuinte — enfim, decidem diariamente acerca da sobrevivência econômica e social do povo brasileiro. Hoje, no conjunto do Judiciário, as juízas representam 22,4% dos magistrados em atividade, mas nos juizados especiais elas já são 37,1% — exatamente na área mais moderna (e provavelmente a mais informatizada) do Poder Judiciário.

---

[51] Partindo da hipótese de que os juízes brasileiros "quebram contratos", Pérsio Arida, Edmar Bacha e André Lara Rezende argumentam que a "incerteza jurisdicional" assim gerada seria um componente decisivo das altas taxas de juros praticadas no Brasil (Credit, interest and jurisdictional uncertainty: conjectures on the case of Brazil, in F. Giavazzi; I. Goldfajn e S. Herrera (Orgs.). *Inflation targeting, debt and the Brazilian experience, 1999 to 2003*, MIT Press, 2005). Na verdade, se as observações metodológicas feitas nos parágrafos anteriores forem levadas em conta, não há evidência empírica conclusiva desse "viés anticredor" entre os juízes brasileiros. Os dois trabalhos geralmente citados nesse sentido não sustentam essa conclusão. A pesquisa *As elites brasileiras e o desenvolvimento nacional: fatores de consenso e issenso* (São Paulo: Idesp, 2002), de Bolívar Lamounier e Amaury de Souza — citada por Arida, Bacha e Rezende em favor de sua hipótese —, e que indicou uma maioria de respostas favoráveis à promoção da Justiça social, em detrimento do respeito aos contratos, foi feita com entrevistas com membros da elite brasileira — da qual os juízes são apenas uma pequena parcela. A já citada pesquisa de Armando Castelar, por outro lado, apesar de ser construída com perguntas dirigidas especificamente aos juízes, utiliza a mesma pergunta dicotômica de Lamounier e Souza — ou Justiça social, ou respeito aos contratos. Dicotomia que, como a pesquisa de Maria Tereza mostra, não é compatível com a percepção que os próprios juízes têm de sua atividade. Vale notar que mesmo no âmbito especificamente econômico da discussão a hipótese de Arida, Bacha e Rezende tem sido posta em questão. Em um *paper* recente, pesquisadores de Berkeley testaram econometricamente essa hipótese e não obtiveram resultados que a sustentem. (Gonçalves, Holland e Spacov, *Can Jurisdictional uncertainty and capital controls explain the high level of real interest rates in Brazil?*, 2005).

O MÚLTIPLO JUDICIÁRIO   135

De resto, as juízas tendem a decidir de acordo com as súmulas mais do que os juízes. Dificilmente podemos dizer que essa atitude reflete maior conformação em relação à hierarquia. Provavelmente, reflete apenas uma atitude pragmática. Lutar contra súmulas pode ser apenas uma maneira de tardar a Justiça. O que, com certeza, não pretendem.

Resta a observação derradeira. É possível que a atitude crítica e pragmática das juízas tenha como fundamento não o gênero, mas a sua juventude. A idade e não o sexo seria o fator determinante da inovação trazida pela crítica e pelo pragmatismo. Uma análise mais rigorosa se impõe. Contudo, do ponto de vista da formulação de políticas públicas judiciais — um parâmetro que nos orienta neste texto —, estão associadas as duas variáveis, sexo e idade. Na medida em que quanto mais jovem, mais feminino é o Judiciário, é suficiente perceber que as jovens juízas constituem hoje um núcleo político e administrativo cada dia mais numeroso e importante, devendo, portanto, ser considerado na definição das estratégias de reforma.

Nordestinos *versus* sulistas

Perguntaram ao advogado americano que mais ganhou causas no Supremo de lá qual a razão de seu sucesso. A resposta do professor Laurence Tribe, de Harvard, foi simples. Algo assim: tenho um excelente banco de dados sobre cada um dos nove ministros da Suprema Corte. Inclui não somente seus votos anteriores, seus artigos, suas conferências, suas tendências e valores jurídicos, como também o máximo de dados pessoais possíveis. Sua formação escolar e profissional, seu temperamento, sua família, seus gostos, livros que lê e filmes favoritos, viagens que fez, *hobbies*, sua origem étnica e geográfica etc. Tudo conta na hora de prever o voto e escolher o argumento jurídico.

Este exemplo leva a noção de Judiciário múltiplo ao extremo: o Judiciário individualizado. E coloca em questão até que ponto conhecer o Judiciário e conhecer cada juiz é fator quase tão importante para se lidar com a esfera jurídica — e às vezes até mais importante — quanto o conhecimento do bom direito. Conhecer quem julga é fundamental para poder prever o conteúdo da sentença. Escritórios com mais vínculos e tradição nos tribunais têm maior capacidade de previsão. Conhecer é prever e prever é ganhar. E isto é fundamental. Fundamental não somente para a prática jurisdicional e advocatícia, mas também para formulação de políticas públicas judiciais. Por exemplo, devem estas políticas enfatizar a diferenciação regional ou estadual, aprofundando um conceito de Federação com base nas autonomias locais, ou o melhor seria um processo de nacionalização do local?

A pesquisa de Maria Tereza não nos permite o conhecimento individual dos magistrados, é claro, mas possibilita conhecer algumas das diferenças demográficas a partir do Índice de Desenvolvimento Humano e das especificidades regionais.

Quando consideramos a variável região e comparamos os juízes nordestinos e sulistas, por exemplo, surgem diferenças relativas à origem social do magistrado, o grau de satisfação com os tribunais superiores e a importância dos fatores econômicos e sociais na formulação das sentenças.

Do ponto de vista do perfil sociológico, as principais diferenças são quanto à cor. Enquanto na Região Sul 96,5% se dizem brancos, no Nordeste apenas 70,9%. Há 26,3% de magistrados pardos no Nordeste e apenas 2,1% no Sul. Diferenças de colonização e das influências culturais são, pois, ainda hoje fatores relevantes. Fica evidente que a miscigenação na região da colonização portuguesa original foi mais intensa do que na Região da posterior colonização alemã e de outros países europeus. Mais ainda: enquanto no Nordeste 13% dos pais e 14% das mães dos juízes não tiveram educação formal, no Sul isto se aplica somente a 7,3% dos pais e 7,4% das mães, o que sugere que, no Nordeste, a profissão de juiz tem um impacto como ascensão social maior do que no Sul.

No que se refere ao exercício profissional propriamente dito, estes dois grupos possuem opiniões diferentes quanto aos seus próprios tribunais, à proibição de nepotismo e ao desempenho do Supremo e dos tribunais superiores. Os sulistas estão mais contentes com a agilidade de sua Justiça Estadual: 21,5% a avaliam positivamente, contra apenas 11,8% de aprovação entre os nordestinos. A situação inverte-se quando o que se avalia é a atuação dos tribunais superiores. Os nordestinos estão muito mais contentes com os tribunais superiores do que os sulistas. Analisados em conjunto, esses dois dados parecem sublinhar o fato de que a Justiça do Sul é mais ágil, mais bem administrada e politicamente mais independente do que a do Nordeste. Não é por menos que, sintomaticamente, 72,8% dos juízes do Sul aprovam a vedação do nepotismo, enquanto um percentual menor de juízes do Nordeste (67,1%) apóia a medida. Além disso, enquanto 71,8% dos nordestinos concordam com a atribuição de poderes de investigação ao Ministério Público, este número atinge 80,7% entre os sulistas.

Mas é com referência ao Supremo Tribunal Federal que os sulistas são muito mais críticos do que os nordestinos. É bem verdade que, no que se refere aos gaúchos, a oposição ao Supremo presidido por Nelson Jobim pode refletir a nacionalização de uma disputa local. Mesmo assim, mais do que os nordestinos, os sulistas são favoráveis à oxigenação da composição do STF — isto é, com membros fora da carreira da magistratura — e à sua transformação em Corte Constitucional.

Finalmente, uma diferença importante é o que os juízes levam mais em consideração ao aplicar a lei: além dos parâmetros legais — critério comum às decisões dos magistrados de todas as regiões do país —, os sulistas dão mais importância às conseqüências econômicas da decisão. Este é um dado importante. Seria de esperar que, devido aos mais graves problemas econômicos da região, os juízes do Nordeste fossem mais sensíveis a esse tipo de critério. Não são. São mais formalistas. Não é por menos que os juízes sulistas, gaúchos em especial, são tidos pela comunidade jurídica como os mais "à esquerda" de todo o país. O movimento em favor do chamado direito alternativo, que teve no Rio Grande do Sul a sua principal base, pode não ter levado o Judiciário gaúcho a adotar suas teses principais. Mas a visão de que direito e economia — ou, mais especificamente, aplicação do direito e distribuição de renda — não se separam parece ter deixado frutos importantes.

Bibliografia

ARIDA, Pérsio; BACHA, Edmar; REZENDE, André Lara. Credit, interest and jurisdictional uncertainty: conjectures on the case of Brazil. In: GIAVAZZI, F.; I.; GOLDFAJN, I.; HERRERA, S. (Eds.). *Inflation targeting, debt and the Brazilian experience, 1999 to 2003*. Cambridge, MA: MIT Press, 2005.

BALEEIRO, Aliomar. *O Supremo Tribunal Federal, esse outro desconhecido*. Rio de Janeiro: Forense, 1968. p. 45.

BENETI, Sidnei Agostinho. Assunção de competência e fast-track recursal. In: YARSHELL, Flávio Luiz.; MORAES, Maurício Zanoide de (Orgs.). *Estudos em homenagem à professora Ada Pellegrini Grinover*. São Paulo: DPJ, 2005. p. 790-799.

BRUNEL, Anne. *Justice — L´autorité sans pouvoir*. Paris: Félin, 1991.

CINTRA, Antônio Carlos de Araújo; GRINOVER, Ada Pellegrini; DINAMARCO, Cândido Rangel. *Teoria geral do processo*. 21. ed. São Paulo: Malheiros, 2005. p. 166.

COTTIER, Bertil (Org.). *Der Kampf gegen die Überlastung der höheren Gerichte*. Zurich: Schulthess Polygraphischer Verlag, 1995.

FALCÃO, Joaquim. Estratégias para a reforma do Judiciário. In: RENAULT, Sérgio; BOTTINI, Pierpaolo (Orgs.). *Reforma do Judiciário. Comentários à Emenda Constitucional nº 45/2004*. São Paulo: Saraiva, 2005. p. 23-25.

FAUX, Marian. *Roe V. Wade*. New York: Mentor-Penguin Books, 1993.

GLAESER, E. L.; SCHEINKMAN, J.; SHLEIFER, A. The injustice of inequality. *Journal of Monetary Economics,* n. 50, p. 199-222, 2003.

JOLY, Eva; BECCARIA, Laurent. *Est-ce dans ce monde-là que nous voulons vivre?* Paris: Les Arènes, 2003.

LAMOUNIER, Bolívar; SOUZA, Amaury de. *As elites brasileiras e o desenvolvimento nacional:* fatores de consenso e dissenso. São Paulo: Idesp, 2002.

LAMPRECHT, Rolf; MALANOWSKI, Wolfgang. *Richter Machen Politik.* Frankfurt-am-Main: Fischer Taschenbuch Verlag, 1979.

LEMOINE, Yves. *Le complot des juges.* Paris: Félin, 1993.

MALTESE, John Anthony. *The selling of Supreme Court nominees.* Johns Hopkins University Press: Baltimore and London, 1995.

NABUCO, Joaquim. *Minha formação.* Brasília: UnB, 1963. p. 15 e 17.

NAVARRO, Joaquín. *Palácio de injusticia.* Madrid: Temas de Hoy, 1998.

SADEK, Maria Tereza (Org.). Quem são e o que pensam os magistrados. In: *Uma introdução ao estudo da Justiça.* São Paulo: Idesp, Sumaré,1995.

SANTOS, Boaventura de Souza; MARQUES, Maria Manuel Leitão: PEDROSO, João; FERREIRA, Pedro Lopes. *Os tribunais nas sociedades contemporâneas* — o caso português. Lisboa: Afrontamento, 1996.

THOMAS, J. B. *Judicial Ethics in Australia.* 2. ed. Sydney: Law Book Company, 1997. p. 33.

TRIBE, Wrence H. *God save this honorable Court.* New York: Penguin Books, 1985.

VIANNA, Luiz Werneck; CARVALHO, Maria Alice Rezende de; MELLO, Manuel Palácios Cunha; BURGOS, Marcelo Baumann (Coords.). *Corpo e alma da magistratura.* Rio de Janeiro: Revan, 1977.

_____. *O perfil do magistrado brasileiro.* Rio de Janeiro: AMB, Iuperj, 1996.

WOODWARD, Bob; ARMSTRONG, Scott . *Por detrás da Suprema Corte.* São Paulo: Saraiva, 1985.